インパクトから考えると
ゴルフは急に上手くなる!

森　守洋

青春新書
PLAYBOOKS

はじめに

世の中には、数多くのゴルフ理論があふれています。

「ボディーターン」や「リストターン」をはじめ、最近では「左軸理論」などのさまざまな新しい理論が打ち出され、アマチュアゴルファーの方はどの理論を学ぶべきか、どれが自分に合っているのか、混乱してしまっているかもしれません。

でも、ゴルフにおけるいわゆる「理論」とは、感覚の表現方法の差がその呼び名を変えているだけなのだと、私は思います。

感覚というものは人それぞれ違います。

たとえば、プロゴルファーでも下半身リードでうまく打てる人、上半身に意識をおいてうまく打てる人、みんな感覚の差があるわけです。

その感覚の差が表現方法の差になり、それがさまざまな理論となって世のアマチュアの方へのヒントとして伝わっているのです。

ということは、一つのアドバイスがすべてのゴルファーに当てはまるなどということは、ほとんどありえないと言っていいくらいです。

では、どうすればゴルフが上達するのでしょうか？

ゴルフスイングにおいて唯一、大切なものである「インパクト」を知る以外、上達への道はありません。

その時どんな理論が流行しているとしても、ゴルフボールとクラブフェースがどのように衝突するか、その一瞬の物理的現象ですべてが決まるのです。

したがって、正しいインパクトの感覚を身につけることが、上達への最短・最速の近道だといえます。

その正しいインパクトを身につけるには、ゴルフクラブを持っている「手」であり「腕」がカギになってきます。

腕を振らなければクラブは振れません。クラブが振れなくては正しいインパクトもできないのです。つまり腕を振るという動きは、ゴルフスイングにおいてなくてはならないものなのです。

すでに正しいインパクトができているプロや上級者の方にとって、腕を振ることをわざわざ意識する必要はないかもしれません。しかし彼らにそうした意識がなくても、すでに正しいインパクト感を持っているのです。

本書の第2章で詳しく触れていますが、ゴルフクラブは非常に特殊な道具です。このような特性を持った道具はめったになく、それゆえ扱い方、使い方がとても難しいのです。難しいというより厄介といったほうがピッタリくるゴルフクラブは、最も器用な手と腕を余すことなく使って操作したほうが性能を発揮できるのです。つまり体を主体にして操作するなど、不可能に近いとさえいえる道具なのです。

また身体工学面からみても、腕を振ることで体は反応・反射し、結果的に理想といわれる動きが自然に行えます。

逆に体の回転や動きに腕と手を追従させようとすると、ゴルフスイングで重要とされる股関節、肩甲骨、腕の旋回などが理想とはかけ離れた動き方をします。また、クラブという厄介な道具がもたらす〝振り遅れ〟という致命的なミスをも引き起こすのです。

振り遅れるとフェースが開いたインパクトになるため、ボールがつかまらず飛距離も出ません。また、プッシュアウトやプッシュスライスばかりになるなど、よいショットを打つことはまず不可能になります。

つまり、体の回転を主体にしたスイングでは、よいショットにつながる〝理想のインパクト〟が手に入りづらいのです。

しかし腕の振りを主体にしたスイングなら、ゴルフクラブ本来の特性を引き出すことが可能であり、その結果、振り遅れることのない理想のスクエアインパクトが自然に身に付くのです。

「万年スライサーから脱出したい」「コンスタントに90台、いや80台でまわりたい」「どうしてもシングルプレーヤーになりたい」……。

夢や希望は人それぞれ。しかし、ゴルフが上手くなりたいという想いは共通です。

その想いを実現するには、クラブとボールが一瞬コンタクトする「インパクト」について深く理解し、マスターする必要があります。その要諦となるのが、本書で紹介するアームスイングです。

ボディターンのイメージが染み付いている人には、もしかしたら戸惑いがあるかもしれません。しかし、最後まで読んでご自分で試していただければ、必ずあなたのゴルフが一変するはずです。

森 守洋

インパクトから考えるとゴルフは急に上手くなる！　目次

第1章　ほとんどの人が誤解している「インパクトの真実」

第2章 プロのインパクトでは何が起こっているのか？

第3章

5つのステップで力強いインパクトを手に入れる

第4章　50代からでも飛距離がアップするインパクト

編集　宮川タケヤ
写真　中野義昌
イラスト　庄司猛
取材協力　都ゴルフ倶楽部、東京ゴルフスタジオ

第1章

ほとんどの人が誤解している「インパクトの真実」

腕を思いきり振るだけでインパクトは劇的に変わる

腕を目一杯振って、ボールを渾身の力で引っぱたく。

たったこれだけのことをきちんと行いさえすれば、すべてのショットは劇的によくなります。腕をしっかり振ればクラブの動きも体の動きも理想通りになり、それがプロのようなボールを包み込む理想のスクエアインパクトにつながるからです。

極端にいえば、腕さえ振ればあとはすべてがオートマチックに動き、プロゴルファーさながらのインパクトが手に入るのです。

「そんなバカな……」

たいていの人が、こう思うでしょう。ところが、スイングを構築するうえで腕を目一杯振ることを最重要視すると、バックスイングでは自然に右股関節に体重が乗り、ダウンスイングでは左股関節に体重が移動します。

また、トップ・オブ・スイングでは左腕が内旋（親指側に旋回すること）し、右腕が外旋（小指側に旋回すること）します。これは右ヒジが地面方向を指した理想的な形で、アマチュアの方に多い、シャフトが飛球線の右を指す「クロストップ」の心配がないということです。

ダウンスイングでは右ヒジが伸展するとともに、左右の腕のアームローテーションも自然に起こるため、いわゆるリリース動作が誰でも簡単に行えます。アームローテーションが発生すると当然フェースがターンするため、ボールを包み込む理想的なインパクトとなり、その結果、飛距離も方向性もアップします。

腕を振るだけで最低でもこれだけのメリットや効果を得られるのに、残念ながらほとんどのアマチュアの方は腕をしっかり振ることができていません。というより、腕を振ることを自ら拒んでいるとすらいえます。これは、「腕を振ってボールを打つ＝手打ち」という間違った認識があるためです。

ではなぜ、このような認識が一般的になってしまったのでしょうか？

それは10年以上前、またたく間にゴルファーに浸透した「ボディターン」という言葉のせいにほかなりません。

当たり前なのになかなかできない〝腕を振るスイング〟

15年以上前、海外で活躍するプロコーチであるデビッド・レッドベターの著書、『アスレチック・スイング』がヒットしました。

それにより、ゴルフスイングといえばボディターンが理想、という概念が日本の多くのアマチュアの方に浸透しました。

そして、レッドベターの教え子であった何人かのプロゴルファーがメジャーチャンピオンになり、また賞金王を獲得したことでボディターンはさらに加速度を増し、広く知られることになったのです。

一般的に、ボディターンは体の回転を主体にしてスイングする（クラブを振る）と解釈されています。

ゴルフ雑誌のレッスン記事などにも、

「私は体の回転で打っています」

「手を使わず、体の回転で打ちましょう」

といったプロゴルファーのコメントがたくさん載っています。

ゴルフスイングでは、スイング軸を中心とした体の回転運動が発生します。そのため、体の回転を主体にしてスイングするというボディターンの考え方は、間違いではありません。むしろ、正解だともいえるでしょう。

しかし、アドレスの姿勢から単に体を右や左へまわすだけでボールを打つことはできません。

バックスイングで腕とクラブが連動して上昇し、トップ・オブ・スイングを形成。そしてダウンスイングでは、トップ・オブ・スイングに収まったクラブが腕とともにボール目がけて下りてこなければならないわけです。

つまり腕を動かすこと、腕を振ることがスイングには絶対に必要で、これがなければゴルフスイングは成り立ちません。

こんな話をすると、

「なにを今さら……」

「腕が動くなんて、当たり前じゃないか……」

と思う人も多いのではないでしょうか。

ところが、体の回転を主体にするといわれるボディターンの考え方や意識が染み付いているアマチュアの方は、正しい腕の動かし方、振り方ができていません。これでは体の回転が教科書通りにできていたとしても、ナイスショットを連発することは不可能。正しい腕の動きや振りができないと、体の回転と腕の振りが同調しないからです。

腕と体がバラバラに動くのが本当の同調

ボディターンを意識している人の多くは、体幹部をまわそうとします。しかし、これではダウンスイングのとき体幹部の左への回転が先走ってしまうので、腕とクラブが極端に遅れて下りてくるので振り遅れになります。それを防ごうとすると、無意識のうちにインパクト付近で手や腕を使ってアジャストする動きが起こります。この動きが、いわゆる「合わせにいくスイング」なのです。

この合わせにいくスイング、当てにいくスイングが、ボディターンを意識しているアマ

体の回転で打つ人は両ワキを締めて三角形をキープする意識が強く、これによって腕と体を同調させようとする

チュアの方に多く見られる動きです。手打ちでは理想的なインパクトにならないことは、今さら説明するまでもないでしょう。

「腕と体の同調」という言葉も、ゴルフ雑誌のレッスン記事などでよく目にします。

たいていの場合、

「両肩とグリップで作られる三角形を崩さないように注意しながら、体の回転でスイングしましょう。これがうまくできると腕の振りと体の回転が同調するためクラブが体の正面から外れず、確実にミートできるようになります」

などと書いてあります。

こういった記事を読んだアマチュアの方

は、「三角形＋体の回転＝同調」と考え、ワキを締めて腕と体を密着させるなど、腕と体がバラバラに動かないように一体化しようとします。さらに、手首やヒジが曲がらないようロックする人までいます。

たしかに、一体化すれば体の各部位がバラバラに動くことがなくなり、いわゆるムダな動きを封じ込めることができます。しかし、この状態からスムーズに動く、すなわち淀みのないスイングができるでしょうか。

「おれはロボットのように再現性の高いスイングを目指しているからコレでいいんだ」

こんなふうに考えている人もきっといることでしょう。

「寸分違わぬ動きで１００球続けて同じ球を打てる」。このような再現性の高いスイングは、ゴルファーであればプロアマ問わず身につけたいと願うものです。できるだけそこに近づきたいと、練習を積み重ねるのはよいことですが、たくさんのアマチュアの方をレッスンしてきた私から見ると、この考え方は時間ばかりを費やし、その割には上達しない場合が多いのです。

なぜなら、プロゴルファーが実践している本当の同調とは、腕と体がバラバラに動く中

腕と体を一体化させたバックスイング（正面＆飛球線後方）

アドレスでワキを締めて腕と体を密着させて一体化すると、体の回転でバックスイングすることになる。その結果、トップで左足に体重が残るリバースピポッドになったり（右）、クラブがシャフトプレーンの下を通ってトップでシャフトが飛球線の右を指すクロスになりやすい（左）

に存在するものだからです。

頭の中のイメージと実際のスイングは大きく異なる

同調を腕と体を一体化させることだと捉えてしまうと、体の動きがギクシャクしてスムーズなスイングができなくなるばかりでなく、アマチュアの方が最も悩むスライスから抜け出せなくなります。

ボディターン、同調、一体化がゴルファーにもたらすものは、〝ひとかたまりの動き〟です。

これは上半身、下半身、腕、肩など体の各部位がダウンスイングのとき同時に左へ動くことを指し、この動きが出ると前述したようにスライスしか打てなくなります。

ひとかたまりの動きでスイングすると、柔道の一本背負い的な切り返しになります。簡単にいうと、切り返しが体全体を左へ回転させる動きになるのです。

そうすると、次の４つの症状が発生します。

◎左腰が引ける
◎左肩が上がる
◎胸が開く（左肩が開いて右肩が突っ込む）
◎腕が遅れて下りる（体の右側に位置する）

これではスイング軌道がアウトサイド・インになり、フェースが開いたままインパクトを迎えることになります。プロゴルファーのスイング動画や連続写真などを見ると、次の通り、これとはまったく逆の動きをしていることがわかるでしょう。

◎左股関節で体重を受け止めることで左腰が引けない
◎両肩のラインは地面とほぼ平行
◎切り返しのとき、胸が右を向いている
◎腕が体の正面にある

腕と体が一体化した、ひとかたまりの切り返し（正面）

NG

一体化すると切り返した途端に胸は左を向いて（体が開いて）しまう。また、左股関節に体重が乗らず腰が引ける

腕と体がバラバラに動く切り返し（正面）

一体化しなければ胸が右を向いた状態でクラブを下ろすことができるため体は開かない。また、左股関節に体重が乗るので腰が引けない

腕と体がバラバラに動く切り返し（飛球線後方）

一体化しなければ、クラブはシャフトプレーンに沿って下りてくる

腕と体が一体化したひとかたまりの切り返し(飛球線後方)

一体化すると切り返した途端に胸が左を向く（体が開いてしまう）ため、クラブがアウトサイドから下りることが多くなる

腕と体がバラバラに動く切り返し（飛球線前方）

一体化しなければ、体は左へ回転しないため左腰が引ける心配はない

腕と体が一体化したひとかたまりの切り返し（飛球線前方）

一体化すると体が左へ回転しなければクラブを下ろせないため、左腰が引けてしまう

このような形になるのは、要するにプロゴルファーがいう「体の回転で打っている」や「同調」とは、あくまでもイメージや感覚的なものにすぎないからです。プロに腕を振る意識はなくても、実際にはアマチュアの方が思っている以上に腕をしっかり振っているのです（もちろん、アプローチショットなどで腕の振りを極力抑えてスイングするケースもあります）。

インパクト前で調整しようとすると〝手打ち〟になる

腕の振りを極力抑えたボディターンによるスイングを目指すアマチュアの方と、本人の自覚はなくても目いっぱい腕を振るプロゴルファー。腕と体が同調しているように見えるのはどちらかといえば、当然、腕をしっかり振っているプロゴルファーです。

なぜボディターン、一体化、同調を目指してスイングしているアマチュアの方より、無意識だとしても結果的に腕が振れているプロゴルファーのほうが同調しているのでしょう。

腕と体を一体化させないほうが同調する

NG

OK

一体化させたダウンスイング（上）と、一体化させないダウンスイング（下）。一体化させないほうが明らかに同調している

「そりゃあ、プロだから」

「練習量が違うから」

みなさんのこんな声が聞こえてきそうです。もちろん、練習量が違うということも無関係とはいいきれませんが、根本はまったく異なります。

実は、腕をしっかり振るほど体の動きと連動して同調したスイングになり、ナイスショットにつながるインパクトを得られます。詳しくは後述しますが、プロゴルファーはこのことを感覚的に知っているからこそ、腕を目いっぱい振るのです。

腕をしっかり振って本当の同調したスイングができるようになると、理想的なインパクトになり、以下のようなさまざまなメリットも享受できるようになります。

◎ヘッドスピードがアップする（↓飛距離が延びる）
◎ボールがつかまる（↓スライサーから抜け出せる）
◎意識しなくても体重移動が完了する（↓「明治の大砲」から抜け出せる）
◎スイング軸がブレない（↓スエーしなくなる）

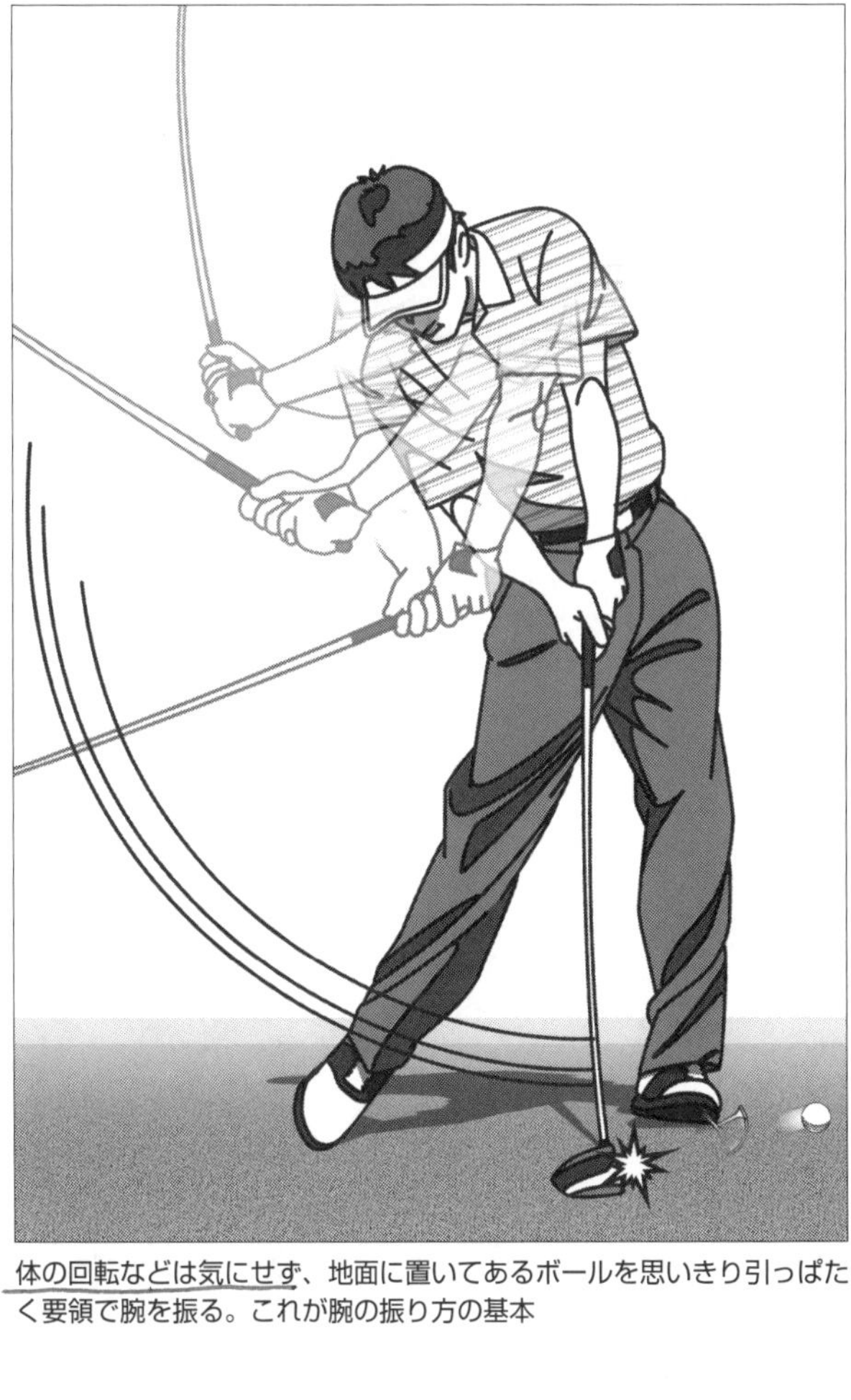

体の回転などは気にせず、地面に置いてあるボールを思いきり引っぱたく要領で腕を振る。これが腕の振り方の基本

◎ボールコントロールができる（→インテンショナルショットが打てる）
◎ライへの対応力がアップする（→アプローチショットのバリエーションが増す）

では、理想的なインパクトを手に入れるには、どのように腕を振ればいいのでしょう。

答えは簡単。地面に置いてあるボールを、両手に持ったクラブを使って、渾身の力で引っぱたく。こうして腕を振ればいいだけなのです。

「でも、それって手打ちじゃない？」

こんな疑問を持つ人が多いかもしれません。そこで、私がいう「腕を思いきり振ってボールを引っぱたくこと」と、本当の手打ちの違いを簡単に解説しましょう。

一般的には、手や腕の動きだけでボールを打つことを手打ちと呼んでいます。つまり体の回転が伴っていないスイングを指しているわけです。

しかし、前述したようにアマチュアの方が体の回転、すなわちボディターンを意識すると、例外なく切り返した途端に体幹だけが左へまわって胸（肩）と腰が開きます。するると、腕とクラブは遅れて、フェースも開いたまま下りてくることになります。

体の回転で打とうとするほど体が開いて、合わせるスイングになってしまう

初心者や100を切れないアマチュアの方はこのままインパクトを迎えることが多く、それゆえプッシュアウト系のコスリ球が多いのです。

もう少しで100が切れる人や90台後半と100を行ったり来たりするような人は、フェースが開いたままではコスリ球にしかならないことを知っています。するとコスリ球にならないようにと、胸と腰が開いたまま、インパクト付近で手を使って（いわゆるアンコックをして）フェースを閉じようとします。

要するに、インパクトでアジャストする動きを入れるわけです。そして、このインパクト前にアジャストする動きの入ったスイングが、真の手打ちなのです。

一方、わたしがみなさんにオススメする、腕をしっかり振ってボールを力いっぱい引っぱたくスイング（便宜的にアームスイングと呼びます）は、切り返しで体をまわさず、ダウンスイングでは腕をムチのようにしなやかに振るため体が開かず、決して振り遅れません。振り遅れないので、インパクト前でアジャストする動きは不要です。

また、ボールを力いっぱい引っぱたこうと思えば誰でも腕をしっかり振るため、自然に腕とクラブに大きな遠心力が発生します。するとインパクト後、体はその遠心力によって

身体構造的にいって上半身はねじれない。プロゴルファーのトップがねじれて見えるのは、股関節の動きと連動しているからにすぎない

自然に回転し、フィニッシュを迎えます。逆に切り返しで体をまわす意識があると、振り遅れるためアジャストする動きが必要となります。その結果、手打ちになってしまいます。

したがって、この段階では手打ちのことなど気にせず、遠心力を使いながら、ただ地面に置いてあるボールをクラブで思いきり引っぱたくことだけを考えればいいのです。

上半身と下半身に捻転差は生まれない

地面に置いてあるボールを渾身の力で引っぱたく。このときの腕の振り方が、私がみなさんにオススメするアームスイングの腕の振り方の基本になります。

人間の体幹部は、身体構造的に回転することはできません。そのため、下半身を固定して上半身を回転させ、捻転差を作れというレッスンは説明不足です。

プロゴルファーのトップは体（体幹部）がねじれているように見えますが、これは腕でクラブを上げると右股関節が自然に動き、そこに体重が乗るからです。ダウンスイングからフィニッシュでも腕を振ることで左股関節が動くので、そこに体重が乗る、言い換えるとウェートシフトが発生するため体が回転しているように見えるのです。

つまり、腕や股関節が動くのでスイング中に体がねじれたり、回転しているように見えるのです。

ところがアマチュアの方は、体を回転させたりねじったりすると腕や股関節が動くと誤解しています。プロゴルファーのようなインパクトを身につけたいのであれば、まずはこの大きな勘違いを改める必要があります。

インパクトの〝当て感〟を大事にするとショットの精度が上がる

ボールを引っぱたくとき、とりあえずはアドレスの姿勢やスタンス幅、テークバックの引き方、トップの位置などを考える必要はありません。まずはボールを強く引っぱたく、強く叩くことに慣れるのが大切です。

ボディターンによるスイングが体に染み付いている人、もしくはボディターンに取り組んでいる人は、体とグリップ位置の関係、テークバックやトップ・オブ・スイング、フォローなどでのクラブのポジションとフェース向きなどをチェックします。

クラブや体のポジショニングはもちろん大切なことですが、あまりにもポジショニングのチェックに神経質になりすぎると、思いきり振ることができなくなります。そのため、まずはすべてを忘れて、思いきり、そして目いっぱい腕を振ってスイングしましょう。

すると、

「あっ、いまのショットは気持ちのいいインパクトだったなぁ」

と感じるときが必ずあります。それも、ボディターンを意識して打っていたときには感じることのできなかったインパクトの感覚です。

この感覚を、私は「インパクト感」、もしくは「当て感」と呼び、アマチュアのみなさんにレッスンをするとき大事にするよう話します。なぜなら、このインパクト感で打ったとき、クラブは理想的に動いてボールをとらえている、要するに理想的なインパクトになっているからです。

第2章

プロのインパクトでは何が起こっているのか？

ゴルフクラブは基本的に〝使いづらい道具〟である

第1章でお話したように、腕をしっかり振ることだけに集中してボールを打っていると、ボディターンでは味わえないインパクト感と出会えます。そして、このインパクトの感覚があなたの体に残ったとき、クラブは理想的に動いてボールをとらえています。

クラブが理想的に動いてボールをとらえるとは、すなわち理想的なインパクトを迎えているということです。

「理想的なインパクトといわれても、抽象的でピンとこない」という人もいるでしょう。そこで、ここでは理想的なインパクトとはどのようなものかということを中心に、インパクトのメカニズムについて解説していきましょう。

ゴルフ雑誌や書籍、仲間内の会話などで、よく「スクエアインパクト」という言葉が出てきます。

これは、クラブフェースがターゲットラインに対して直角な状態でボールと衝突することで、ボールを真っすぐ飛ばすには、このインパクトが不可欠だとされています。

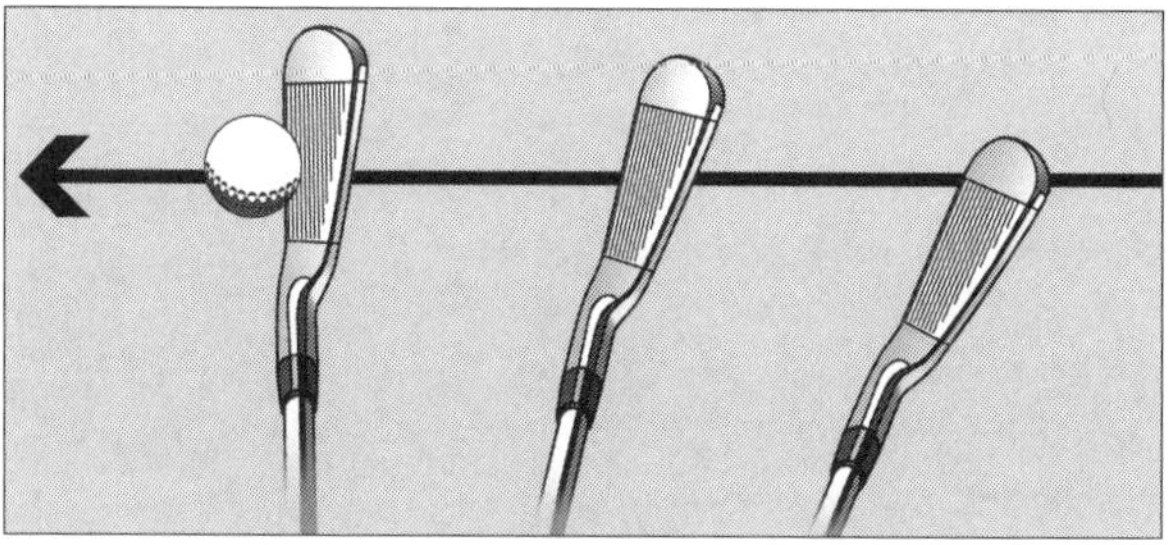

ターゲットラインに対してフェース面が直角になったときにインパクトを迎えると、ボールは真っすぐ飛ぶ

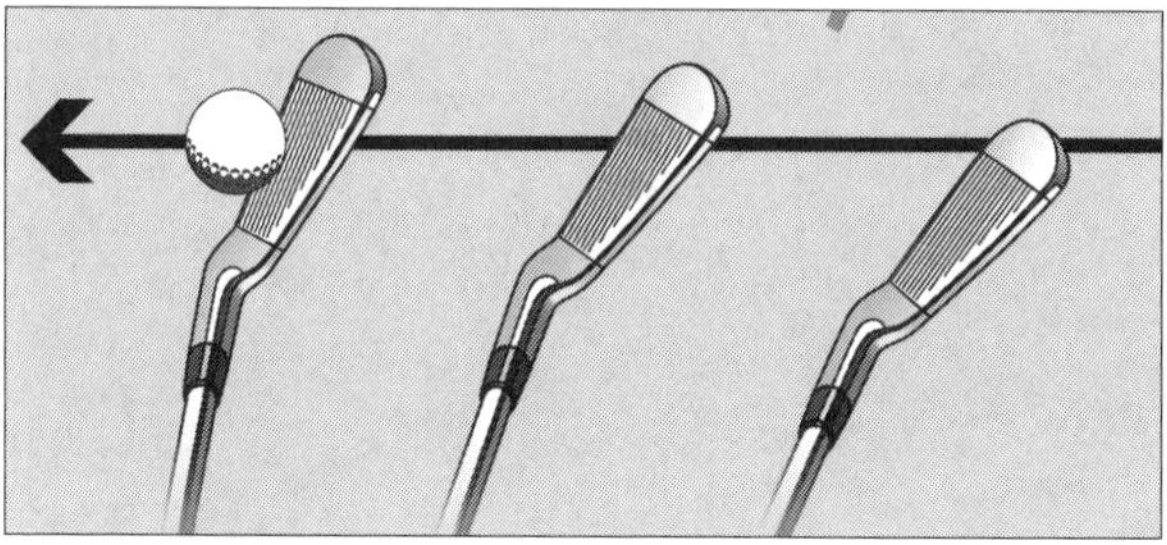

ラインに対してフェース面が右を向いたときにインパクトを迎えると、ボールは右方向に飛ぶ

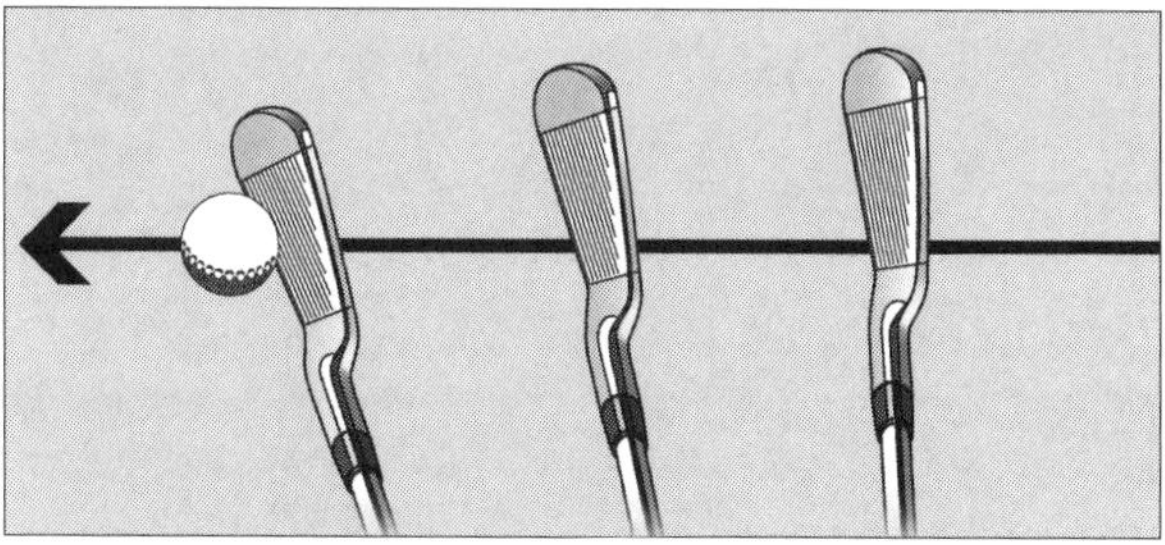

ラインに対してフェース面が左を向いたときにインパクトを迎えると、ボールは左方向に飛ぶ

これには私も同意します。スイートスポットでボールを打つと仮定すると、フェースが開いた（右を向いた）状態でインパクトを迎えればボールは右へ飛びますし、逆にフェースが閉じた（左を向いた）状態でインパクトを迎えればボールは左へ飛びます。

これはゴルフに限らず、テニスでも卓球でも、フェース面のある道具でボールを打つ場合の鉄則です。打ちたい方向、つまり目標とフェースを正対させてボールをヒットすることが、狙ったところへボールを運ぶには絶対に必要なのです。

ところが、ここにゴルフの落とし穴があります。正確には「ゴルフクラブの落とし穴」といったほうがいいかもしれません。

前著『ゴルフ　プロのダウンブロー最新理論』（小社刊）でも触れましたが、ゴルフクラブはテニスラケットや卓球のラケットとは違い、柄の延長線上にクラブの重心がありません。

次ページのイラストを見てください。ゴルフクラブはL字型をしているため、重心（スイートスポットの位置）が柄の延長線上にないことがわかります。

一方、テニスと卓球のラケットは柄の延長線上に重心があります。フェース面はありま

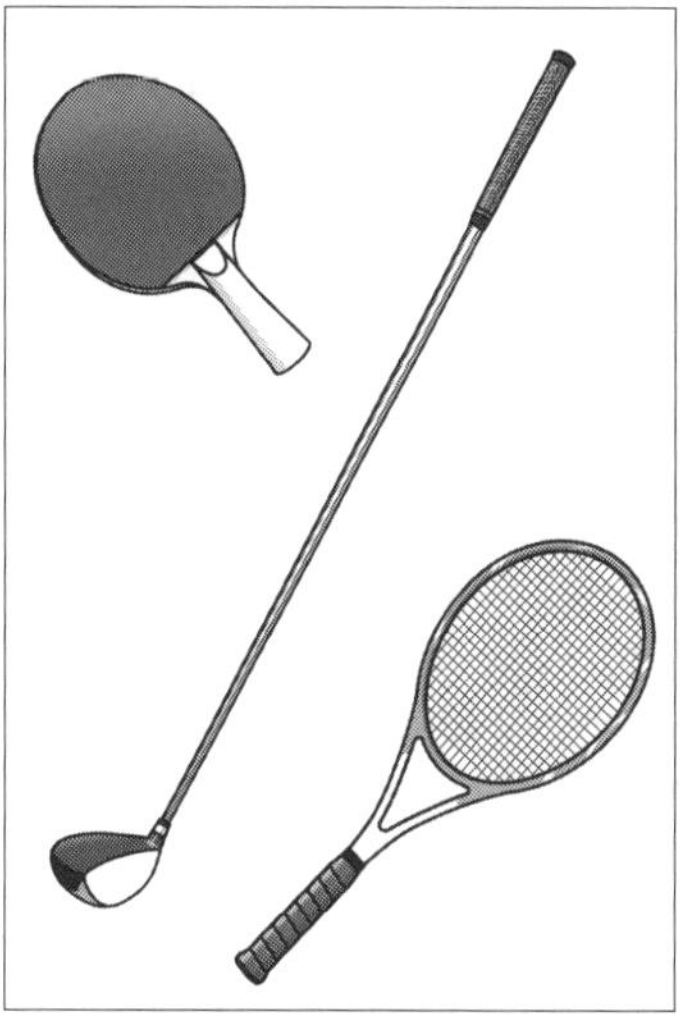

テニスや卓球のラケットとは違い、ゴルフクラブは柄の延長線上に重心（スイートスポット）がない。そのため、上達にはその正しい使い方を知ることが欠かせない

せんが、野球のバットの重心も柄の延長線上です。

身のまわりにあるさまざまな道具に目を向けてみても、柄と重心の位置がズレているものは非常に少なく、たいていの道具は柄の延長線上に重心があります。

数は少ないですが、料理のときに使うお玉やフライ返しなど、柄と重心の位置がズレている道具もたしかにあります。しかしそれらの多くは手元で使ったり、道具自体を大きく動かさなかったり、道具を使うとき体の動きが小さいものがほとんどです。

要するに、柄と重心の位置がズレた道具は単純に使いづらいのです。そのため、手元で使う小さな道具ばかりなのです。

ところが、ゴルフクラブは違います。柄と重心がズレているにもかかわらず非常に長く、それゆえクラブヘッドが移動する距離はテニスラケットの比ではありません。さらに、全身を動かして使うスポーツの道具です。

これほど特異な道具はなかなかありません。重心がズレていて、L字型で大きい道具をあえて挙げるとすれば、斧《おの》と鍬《くわ》でしょう。どちらも重量はゴルフクラブより重く、扱いは大変ですが、ヒットするターゲットはゴルフボールほど小さくありません。斧は薪、鍬は地面。どちらもボールより相当大きなものです。

クラブフェースは常に回転したがっている

重心のズレている道具は使いづらい。だとすれば、重心のズレている道具はズレているなりの使い方をする必要があるわけです。そのコツさえ知っていれば、道具が持っている特徴を生かすことができます。

重心距離とは何か

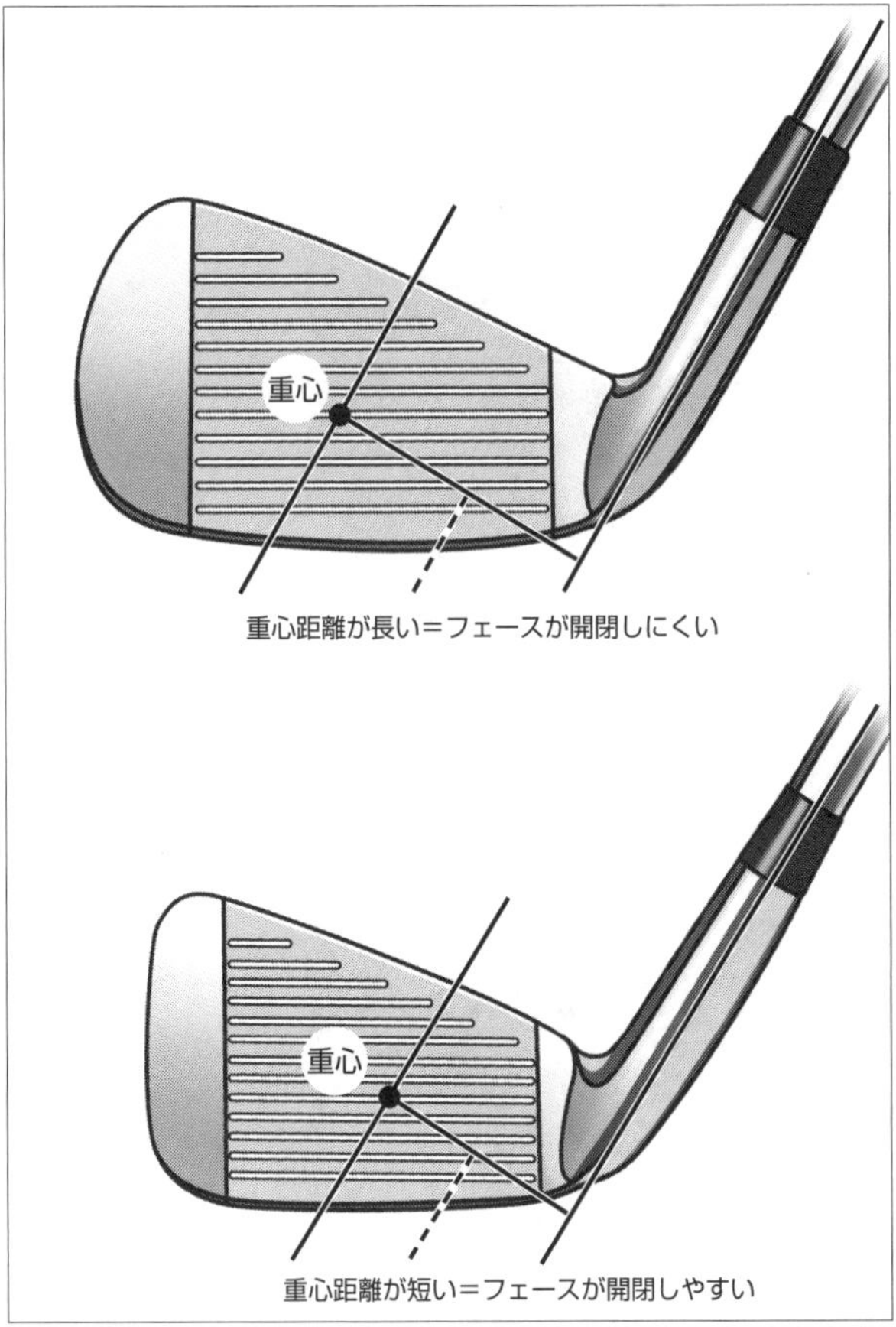

重心距離とは、シャフト軸の中心線からフェース面上の重心までの距離のこと。この距離が短いとフェースは開閉しやすく、ボールのつかまりがよくなる

手を下げるとフェースは開く

ゴルフクラブは柄の延長線上に重心がないため、アドレスの位置から手を下げていくとフェースが開く（右を向く）

手を上げるとフェースは閉じる

反対に、アドレスの位置から手を上げていくとフェースは閉じる（左を向く）

では、重心が柄の延長にないゴルフクラブはどう扱えばいいのでしょう。これを知るには、まずゴルフクラブの最大の特性を知らなければなりません。

ゴルフクラブをテーブルなどの上に置いて手を離すと、ヘッドがフェース面側かバックフェース側に必ず倒れます（たいていはバックフェース側）。

また、ゴルフクラブを片手で軽く支えてソールし、支えた手を足元のほうへ下ろしていくと、ヘッドはバックフェース側に倒れ、いわゆるフェースが開いた（右を向いた）状態になります。逆に支えた手を持ち上げていくと、倒れることはありませんが、フェースは左を向きます。

これが何を意味しているのかというと、クラブ（ヘッド）は右、もしくは左へ常に回転したがっているのです。この回転を一般的にはフェースの開閉といいます。ゴルフクラブはヘッド（フェース）を開閉させることで特徴が生きてくる道具で、飛距離が出るのもこの特徴によるところが大きいのです。フェースの開閉については、L字型パターとフェースバランスパターを打ち比べてみればわかります。

では、開閉することでどんなメリットが得られるのでしょうか。真っ先に挙げられるのが、「ボールのつかまり」です。

「このクラブはつかまりがいいね」

「いまのショットは球がつかまってたね」

よくこんな言い方をするため、みなさんも耳にしたことがあるはずです。

それ以外には、「インパクトゾーンが長くなる」、「ボールとフェースの接触時間が長くなる」など、よいショットを打つための重要なファクターにも大きく絡んできます。

さらに、「サンドウェッジを使ったショットでバウンスが使える」、「アプローチショットでスピンが入りやすくなる」、「ドライバーショットでドローボールが打てる」など、アマチュアの方の多くが「打ちたい」「打てたらいいな」と思うことを可能にします。

これらは、フェースが開閉する中でインパクトを迎えるからこそできることなのです。

フェースの開閉をコントロールすることが上達への近道

フェースを開閉させることでゴルフクラブの特徴が生かされ、メリットを享受できる―

―。このことから考えると、理想のインパクトの定義とは、フェースが開閉する中でボールをとらえることです。そして気持ちのいいインパクト感は、開閉が伴ったインパクトでなければ得られないのです。

残念なことに、アマチュアの方の大半はこうした意識が希薄、もしくはまったく持っていないでしょう。

その主な理由は、前述したボディターン、一体化、同調という意識があること以外に、近年のゴルフクラブの変化もその一因だといえるでしょう。ドライバーもアイアンもヘッドが大型化しているために重心距離が長く、また慣性モーメントも大きめになっているのです。

ヘッドが大きいとミスヒットには強いものの、フェースが開閉しにくくなります。そしてゴルフ雑誌などには、「大型ヘッドのクラブは、フェースの開閉を極力抑えて打つのがいい」などと書かれています。これを鵜呑みにすると、どうしてもフェースを開閉させる意識が薄くなってしまうのです。

「体の回転で打っている」

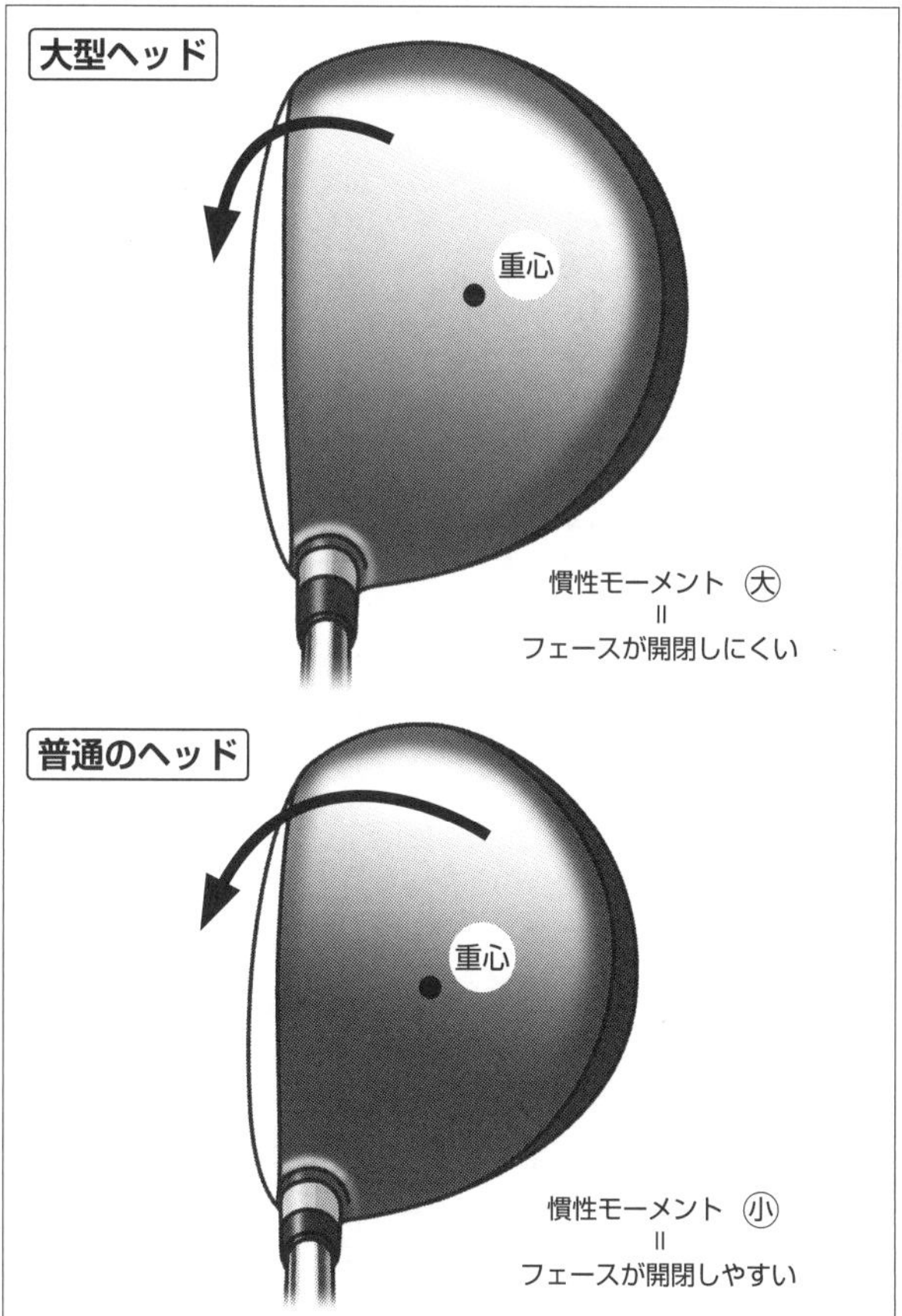

ヘッド全体の慣性モーメントが大きくなると、スイートスポットを外してヒットしてもフェース面の向きが変わりにくいため、「ミスヒットに強い」と表現される

「フェースターンを抑えて打っている」

とコメントするプロゴルファーも、コメントとは裏腹に実際には460ccの大型ヘッドドライバーを使用するプロゴルファーも、コメントとは裏腹に実際にはフェースが開閉しています。開閉しなければ理想のインパクトを得られないことを経験から学んでいるプロゴルファーは、無意識に必ずフェースターンを使ってボールを打つのです。

また、彼らはフェースの開閉を自在にコントロールできるため、あえて開閉を抑えてスイングすることでインテンショナルショットを打っています。

体を回転する意識が振り遅れにつながる

次ページの写真は、ゴルフクラブが体の正面から外れないように腕と体を一体化させ、さらに両肩とグリップで作られる三角形を崩さないようにしたときのテークバックとフォローです。

ボディターンを基本にレッスンを行うティーチングプロは、

ボディターンではフェースコントロールが難しい

腕と体を一体化して回転するボディターンのイメージがあると、テークバックではフェースが閉じる

フォローではフェースが開きやすい

「テークバックでシャフトが地面と平行の高さになったとき、フェースは前傾角度と同じ角度になるように」

「自分から見て11時の方向になっているのが理想です」

などとレッスンします。

フォローでも同じように、

「シャフトが4時の位置に来たとき、自分から見てフェースが1時から2時を指すようにしましょう」

などといいます。

これはまったくの正論で、フェースがテークバックで11時、フォローで1時から2時を指していれば、理想的なフェースの開閉です。

ところが、このポジショニングをボディターンを意識しているアマチュアの方が真似をすると、間違いなくフェースの開閉が不足します。前述の通り、体を回転させるとほとんどの方が振り遅れるので、フェースが開いたままになるからです。

テークバックはまだしも、フォローでフェースの向きを1時から2時を指すようにしよ

アーニー・エルスのアイアンショット。シャフトが４時の位置で、フェースは完全に閉じているのがわかる

うとすると、ボールはまずつかまりません。

それを証明するのが、前ページにあるアーニー・エルスの写真です。

エルスはボディターンの申し子といえる存在で、デビッド・レッドベターがコーチをしていました。それにもかかわらず、シャフトが4時の位置に来たときにはフェースはほぼ真後ろを向いています。

ボディターン、すなわち体の回転で打つことが理想といっているのに、ここまでフェースが閉じているのは、腕をしっかり振ってアームローテーションを発生させているからです。

複数のメジャータイトルを獲得したエルスがこのようなスイングなのですから、「フォローでシャフトが4時の位置に来たとき、フェースは1時から2時を指す」という形のイメージを持つことが、あまり意味のないことだとわかるでしょう。

体の回転が主体と語っていても、実際の動きでは腕をしっかり振ってアームローテーションを起こしているからこそ、フェースは真後ろを向いているのです。

なぜ、アマはフェースを早くボールに向けたがるのか

腕を振ることを第一に考えているというアマチュアの方の中にも、インパクトゾーンでフェースが開閉しない人がたくさんいます。

それらの人には、次のような意識があるためです。

①ダウンスイングのできるだけ早い段階でフェース面をターゲットラインと直角にして、ボールにぶつけたい
②インパクトゾーンでフェースの向きを変えたくない
③ヘッドをターゲットラインに沿って直線的に動かしたい

よくいえばスクエアインパクトへのこだわりが強く、悪くいえば本当のスクエアインパクトを知らない人です。

前述したように、本当のスクエアインパクトはインパクトゾーンでフェースが開閉する

中で起こります。インパクトゾーンをヘッドが通過するのは、スイング中で最もヘッドスピードが速いときなので、スクエアインパクトは一瞬の出来事というわけです（厳密にいえば、インパクト後はボールと衝突した抵抗によりヘッドは減速します）。

これを勘違いしていると、フェース面をターゲットライン（ボール）に向ける意識の強いスイングになってしまいます。つまり、インパクトゾーンの入口までフェースが開いて下りてくるのではなく、切り返した途端、フェース面がボールを向いている方がより確実にミートできる、スクエアインパクトできると思ってしまうわけです。

フェース面を早くボールに向けることで、安心感を得ようとする意識だということもできます。スライスに悩んでいる方やスライサーほど、この傾向があります。

このような意識を持っていると、フェース面はダウンスイングでシャットに、インパクトからフォローでオープンになることが多いため、ボールがつかまりません。こういう人は、フェースを開きっぱなしでインパクトに入るイメージでもいいでしょう。

プロは面でボールを打つというより、フェースが開閉される軌跡の中でボール打っているイメージです（「ヘッドの通る軌道上にボールがある」というイメージの人もいます）。

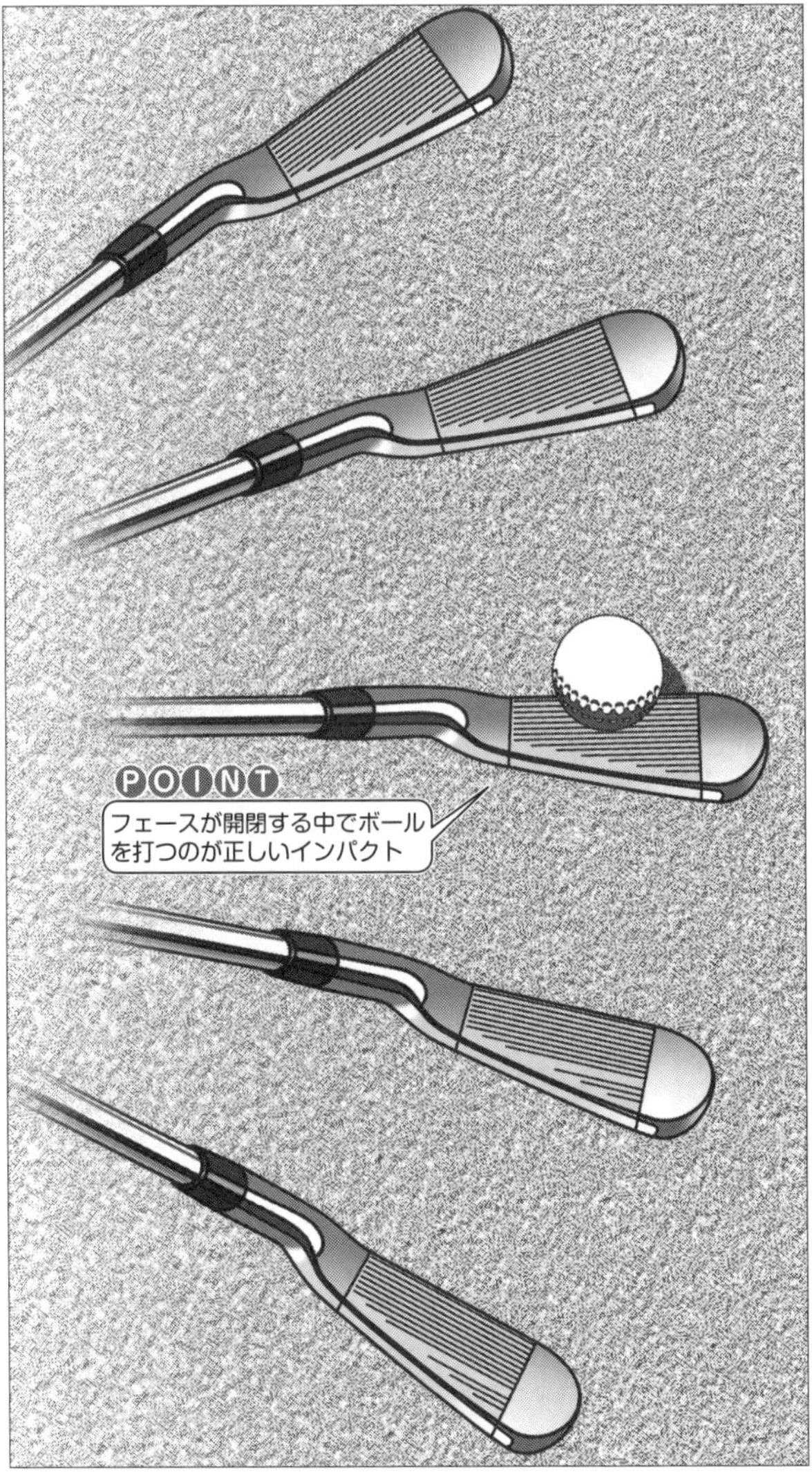
POINT
フェースが開閉する中でボール
を打つのが正しいインパクト

フェース面を早くボールに向ける切り返し

このタイプの人は、フェース面でボールを打とうとする意識が強い

正しい切り返し

フェースが開閉する一瞬でボールを打つ感覚があると、フェースは開いて下りてくる

フェースの開閉がないことで起こる5つの問題

フェースがダウンスイングの早い段階でボールを向くと、次のような弊害が発生します。

①タメを作ることができない

フェース面を早くボールへ向けようとすると、コックがほどけるのも早くなり、タメを作ることができません。その結果、ボールを思い切り引っぱたく、強く叩くことができなくなります。

②アウトサイドイン軌道になる

フェース面を早くボールへ向けるには、コックを早くほどくか、切り返した途端に胸が左を向くほど体を横にまわさなければなりません。どちらの場合も、クラブがアウトサイドイン軌道で下りてくることになります。

フェースを早くボールに向けすぎると……

フェースはシャットで（閉じて）下りてくるため、インパクトゾーンで開閉せず、ボールがつかまらない

③「ザックリ」の確率が増す

フェース面を早くボールへ向けると、フェースが閉じて（シャットで）下りてくるため、リーディングエッジが最初に地面と接触して「ザックリ」になることが多くなります。

④ボールの横から払い打つインパクトになる

フェース面を早くボールへ向けると、ダウンスイングのスイングアークがバックスイングのスイングアークより大きくなるため、ヘッドの入射角がスイープになりすぎます。これではボールの横から払い打つ軌道にしかならないため傾斜などに対応できず、ダフりが増えてしまいます。

⑤体重移動ができないので「明治の大砲」になる

コックが早くほどけて体が左へ過度に回転する。アウトサイドイン軌道になる。これらの動きによって、左足への体重移動が行えず、フィニッシュで体重が右足に残る、「明治の大砲」になってしまいます。

インパクトゾーンではフェースの開閉を使う

確実にボールをつかまえるには、ダウンスイングでフェースが開いて下りてこなければならない

フェースを早くボールに向けると……

アウトサイドイン軌道になる

極端なスイープ軌道となり、ダフりやすくなる

フィニッシュで、左足に体重が移らず右足に残ってしまう（いわゆる「明治の大砲」になる）

フェース面を早くボールへ向けることによる弊害は、主なものだけでこれだけあります。

もし、ご自分にひとつでも該当するものがあったら、まず間違いなくフェース面を早くボールへ向けるスイングをしています。

そこで次章では、プロゴルファーが実践しているフェースの開閉を使ったスイングをマスターし、理想のインパクトを手に入れるためのメソッドを、順を追って説明していきましょう。

第3章

５つのステップで力強いインパクトを手に入れる

まずは正しい腕の振り方を知る

ここまで再三説明してきましたが、フェースがインパクトゾーンで開閉するアームスイングを身につけるには、腕をしっかり振ることが重要です。

地面に置いてあるボールを思い切り引っぱたくイメージで腕を振りましょう。まだイメージがわかないという人は、次ページの写真を見てください。

クラブのヘッド部分を右手で持ち、シャドースイングをしています。ヘッドを直接手で持っているため、腕を振ってボールを引っぱたくイメージが誰でもすぐにつかめます。

クラブを持たず、ヒザ立ちになってシャドースイングをする方法も有効です。ヒザ立ちで腕を振り上げると、バックスイングでも引っぱたいたあとのフォローでも、ボディターンのように体が横方向へほとんど回転しません。

さらに、次の5つのことがすべて自然に起こります。

◎腕を振り上げたとき自然に右股関節で体重を受け止められ、右ヒザに体重がかかる。ま

右手でクラブヘッドを持ってシャドースイング

クラブヘッドを直接手で持っているので、腕を振ってボールを強く叩くイメージがつかめる

た、右肩も自然に後方へ引ける
◎腕を振り下ろすと、右股関節に乗っていた体重が少しずつ左股関節へと移動を始める
◎インパクトで胸がほぼ正面を向き、左肩が少し後方へと引ける
◎フォローでは移動してきた体重を左股関節で受け止められ、左ヒザに体重がかかる
◎バックスイングではフェースが開き、インパクトゾーンではフェースが閉じる

写真では一見、手打ちに見えるかもしれませんが、実行してみると「!」と気づくことがあるはずです。そう、ゴルフスイングにおける体重移動というのは、実際にはごくわずかなのです。あまりに小さい動きなので、「これで本当に正しいの?」と戸惑う人がいるかもしれません。

アマチュアの方は、バックスイングでもダウンスイングでも体が左右に大きく動くので、軸がブレすぎています。ブレすぎる主な原因はボディターンで打つ意識と、下半身リードの意識です(下半身の弱さもありますが)。

ボディターンで体を回転させる意識があると、バックスイング時もダウンスイング時も

正しい「ヒザ立ちシャドースイング」の動き

インパクトまで胸を正面に向けたまま行うことで、腕の正しい振り方と左右の股関節に体重が乗ることを実感できる

間違った「ヒザ立ちシャドースイング」の動き

体を回転させると股関節で体重を受け止められず、体が左右に大きくブレる。また、胸の向きも変わるため腕を正しく振ることができない

正しい「ヒザ立ちシャドースイング」の動き（飛球線後方）

体を回転させずに腕だけでバックスイングしても、上半身は自然に回転する。また、右股関節で体重を受け止められる

股関節で体重を受け止めることができず、腰が引けてしまいます。

下半身リードの意識があると左股関節で体重を受け止めることができないため、左腰が引けるのと連動して、体全体が伸び上がってしまいます。

しかしヒザ立ちになって腕を思いきり振れば、ボディターンや下半身リードを意識することで起こる悪い動きは発生しません。つまり、体の回転や下半身リードを意識しなくても理想的な動きになるのです。

プロの体は強いため、ふつうにアドレスしてもこのヒザ立ちのように無意識に下半身が使えています。

腕をしっかり振れば体は勝手に反応・反射します。逆に体を動かす順番やクラブのポジショニングなどに気を取られると、人間に本来備わっている感覚が損なわれ、反応・反射の能力が生かされません。

腕を振る際は何に注意すればいいか

基本的に腕をしっかり振れば体が勝手に反応し、理想のスイング、理想のインパクトを手に入れることができます。ただし、注意しなければならない点もいくつかあります。

◎腕を振り上げるとき（バックスイング）の注意点

ピッチャーがボールを投げるときの要領で、ヒジを曲げながら引いていくことが大切です。決して手から上げてはいけません。また右ヒザを動かさないよう気をつけてください。ボールを投げるようにヒジを引けば、右肩は自然と後方へ引けて胸が右を向きます。また、右股関節も理想的に動いて自然に体重を受け止めます。

つまり、意識して体をまわしたり、右股関節や右足で体重を受け止めたりする必要はないのです。振り上げると、手と腕の重さによる慣性の力で勝手に上半身と腰は回転し、体重を受け止める姿勢になるのです。

あまりうまくイメージできないという人は、空手の瓦割りをイメージしましょう。中腰になって両腕をだらりと下げ、軽くこぶしを握ります。このとき、手の甲は正面を向いているはずです。その姿勢から右手の拳を体に引きつけます。この方法だと、誰でも

正しい瓦割りイメージの動き

右腕を引き終わったとき、正面を向いていた右手の甲が背面を向く。これは引くことで外旋が起こっているから

間違った瓦割りイメージの動き

引き終わったとき、右手の甲が正面を向いてると外旋が起こらない

必ず右ヒジを引いて、右の拳を体へ引きつけているでしょう。

引きつけたら右拳を見てください。腕を下げているときは手の甲が正面を向いていましたが、引きつけると手の甲は後方を向くはずです。これは、ヒジを引きつけることで右腕が自然に外旋することを表しています。

引きつけたあと手の甲が正面を向いたままだという人は、腕の力と全身の力を同時に使い、大きなパワーで瓦を割ろうとしています。これでは右腕は外旋しません。

ボクサーが素早いジャブを何発も繰り出すように腕を使うと、引きつけたとき必ず右腕は外旋し、右手の甲は後方を向きます。

右ヒザが伸びてしまうと、股関節を使えず、ただ移動しているだけの状態になります。

胸を正面に向けたままヒジを引いて、腕を振り上げましょう。また胸の向きを変えなければ、自然に右股関節が正しく動いて移動してきた体重を受け止めます。自然に右股関節が体重を受け止めるということは、胸を正面に向けたままヒジを引いて腕を振り上げれば、右足への体重移動も自然に行われるということです。

腕の引き方が正しくても、体をまわしてしまうと右股関節は正しく動かず、体重が右足

右腕を引くときは体をまわさない

OK
右股関節に
体重が乗る

瓦割りイメージで右腕を引きつけると上半身は自然に回転し、右股関節で体重を受け止められる

NG
上体を回すと
右腕が外旋しない

体を回すと右腰が引けてしまい、右股関節で体重を受け止められない。また、右腕の外旋も起こらない

へ移動しないので左足に残ってしまいます。この状態がいわゆるリバースピポッドです。

◎腕を振り下ろすとき（ダウンスイングからフォロー）の注意点

腕を振り下ろすとき、これといって注意すべきことはありません。何度もいうように、ボールを思いきり引っぱたくように、力いっぱい腕を振って下ろせばいいのです。すると、振り下ろしの開始時より振り下ろし終わったときのほうが力が入ります。これはインパクトに向かって徐々に力が入るのと同じことです。

これができればバックスイングで曲がっていたヒジが伸展し、その動きに連動して外旋していた右腕が内旋を始めます。すると、フェースはインパクトゾーンで閉じる方向へターンし、開閉を使った理想のインパクトになります。

インパクト後のフォローを考える必要はまったくありません。フォローからフィニッシュは、腕を振る（スイングする）ことで発生する慣性で自然と収まると考えればいいのです。極端な言い方をすると、はじめのうちはボールを目いっぱいパチンと引っぱたいたら終わり、という意識でＯＫです。

こぶしをどこに振り下ろすか

右足の外か真上に向けてこぶしを振り下ろせば、左股関節で体重を受け止められるので体も開かない（右）。こぶし（ヘッド）をボールに向けて下ろすとフェースがシャットになり、左腰が引けて体が開いてしまう（左）

あえて注意点を挙げるとすれば、ひとつ目はヘッドを最初に下ろさないこと。ヘッドを最初に下ろすと、その途端にフェースがシャットになってインパクトゾーンでフェースの開閉を使うことができません。また、バックスイングで外旋とともに曲がっていたヒジが早く伸びきってしまうため、インパクトゾーンで内旋しなくなります。これらを防ぐにはグリップを右足のやや外（右側）か、真上に下ろすイメージをもつのがいいでしょう。

ただしこのイメージの場合、バックスイングからダウンスイングへの切り返しの際、動きが一瞬途切れることがあります。すると、クラブが外から下りやすくなってしまいます。そこでピッチャーがボールを投げるときのように動きを止めず、一連の動作で下ろすことを意識してください。そうすればダウンスイングで両腕が正しい方向へ旋回し、フェースターンが発生します。フェースが開いたままインパクトするイメージでもよいでしょう。

ふたつ目の注意点は、体を左方向へ回転させないこと。回転すると体が開いてしまい、手が遅れて下りてきます。つまり振り遅れです。

体を横にまわさないようにするには、バックスイングのときと同様に、空手の瓦割りをイメージしましょう。瓦を割るときは、引きつけた手を瓦のある真下に向けて真っすぐ振

グリップは右足の真上に下ろす

体が開かないうえに、タメも作られる

ヘッドを最初に下ろすと……

フェースがシャットになるうえ、タメがほどけてしまう

り下ろします。この要領、この意識で腕を振れば、体が横にまわりません。

さらに胸が正面を向いた状態でインパクトを迎えられるように、体幹部にグッと力を入れて踏ん張る意識をもつとよりいいでしょう。

ステップ1【グリップ】

腕を振れば体がその動きに自然に反応するため、スイングはオートマチックに完了します。でも、それだけで本当によいスイングが身につくのかと不安になる人もいるでしょう。

そこで、グリップからフィニッシュまでの一連の動きのポイントを紹介します。

まずはグリップ。ご存じのようにグリップのスタイルにはウィークグリップ、スクエアグリップ、ストロンググリップの3種類があります。

私がアマチュアの方のみなさんにオススメするのはスクエアグリップです。最も自然な握り方で、クラブを操作しやすいからです。

たとえばアプローチで高い球や低い球を打ち分けたり、アイアンショットでドローやフェードを打ち分けるのも、ウィークグリップやストロンググリップに比べて容易です。
また、スクエアグリップでは、ダウンスイングで右腕を内旋（左腕は外旋）させてフェースをターンさせなければボールがつかまりません。本書のテーマであるプロが実践する真のインパクトを身につけるには、うってつけの形なのです。

アマチュアの方にストロンググリップの人が多いのは、おもにスライス防止のためだと思われます。ストロンググリップでは左手の甲が空を指すほどかぶせて握るため、わずかなアームローテーションでもフェースがターンします。ボールをつかまえることに関してはスクエアグリップより確実だといえるでしょう。

ところが、ストロンググリップだとボールのつかまりがよい分、体を早めに回転させ、開く必要が出てきます。初心者のうちは体が開いてボールをつかまえることができないためストロンググリップでもかまいませんが、少しずつスクエアグリップに変えることをオススメします。ストロンググリップだと、いつの間にか〝体が開いたスイング〟が染み付いてしまうからです。

ストロンググリップにしていると、次のような現象に見舞われてなかなか上達しないいため注意が必要です。

◎右腕のわずかな内旋でフェースが閉じる

⬅

◎フェースが閉じる分、ボールのつかまりがよい

⬅

◎ボールがつかまるため、体の回転が止まるとヒッカケなどが出る

⬅

◎ヒッカケを防ぐため、体は自然に開く

⬅

◎体が開くと振り遅れたり過度なスイープ軌道になり、根本的にスイングは改善しない

いままでストロンググリップでプレーしていた人がスクエアグリップに変えると、ボールが右にばかり飛ぶため難しさを感じるでしょう。

スクエアグリップがベスト

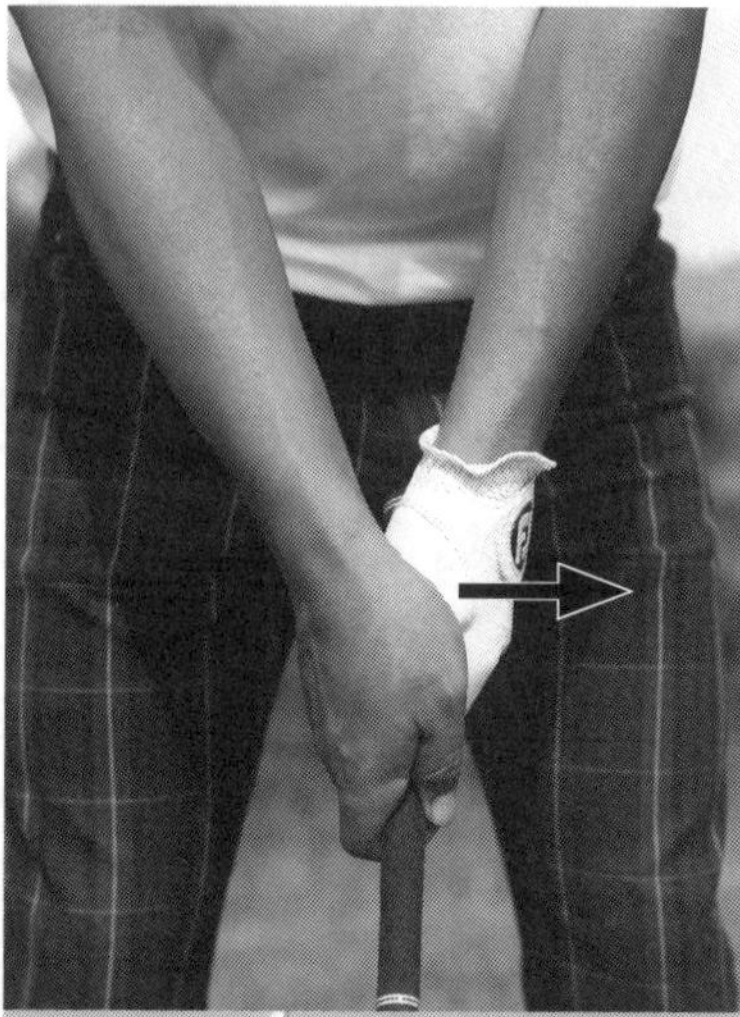

しっかり腕を振るアームスイングには、左手の甲が目標方向を向くスクエアグリップが最適

オーバーラッピングでもインターロッキングでも握りやすい方法でOK

しかし、しっかり腕を振って右腕が内旋、左腕が外旋するようになれば、自然にフェースがターンして、ボールは真っすぐに飛ぶようになります。真っすぐ飛ぶということは、フェースの開閉の途中で「一瞬のスクエアインパクト」が実行されているということです。当然、体が早く開く、振り遅れるといったことも同時に解消されます。

ステップ2【アドレス】

アドレスは背筋が自然に伸び、股関節から前傾していることが大切です。よく背筋をピンと真っすぐに伸ばせといわれますが、私はムリに伸ばす必要はないと思っています。自然に伸びていればＯＫです。「自然といわれても、どの程度なのかわからない」という人は、背中を丸めない、猫背にならないよう意識すれば背筋が自然に伸びてきます。

股関節から上半身を曲げるときは、お尻が上に引っ張られるイメージを持つとうまくできるでしょう。

ヒザはやや緩めて、両足の拇指丘《ぼしきゅう》に体重が乗るようにアジャストします。

正しいアドレス

背筋を自然に伸ばしたら、股関節から前傾して拇指丘に体重が乗るようにする

体重配分は左右均等が理想だが、ボディターンで打っていた人は左足6割、右足4割がオススメ

よく下半身に力を入れて踏ん張る人がいますが、あまりオススメしません。踏ん張るとどうしても力みが生じるため、股関節の動きが悪くなります。ただし、骨盤前傾が正しくできている人は、踏ん張っても股関節がスムーズに動くため問題ありません。

また、足の裏で地面の凹凸を感じる意識をもてば、力まず安定した下半身を作ることができます。

また、この意識があると微妙な傾斜を察知できるようになるため、さまざまなライへの対応力がアップします。踏ん張ることより、傾斜などを感じ取ることを優先しましょう。

体重配分は左右の足に均等が理想です。しかし、これまでボディターンで体を回転させていた人は、はじめは左足に６割、右足に４割でアドレスすることをオススメします。

ボディターンで体を回転させる意識が強いアマチュアの方は、左足４割、右足６割の配分になっていることが多く、この配分は体をまわしたい意識の表れです。しっかり腕を振るスイングをマスターしたいのであれば、はじめは戸惑うでしょうが左足６割、右足４割でアドレスするようにしてください。

グリップは、まず両腕の力を抜いてダラリと下げた位置で握り、その後左足太ももの内側にセットします。こうすると、右手が下にある分、右肩が少し前に出て肩のラインが左を指します。この状態から右肩をやや後ろへ引いて、ターゲットラインとスクエアにすれば理想的なアドレスが完成します。

ステップ3【バックスイング〜トップ】

バックスイングで重要なのは、胸を正面に向けたまま腕だけでクラブをトップまで導くこと。少々乱暴な言い方ですが、手で上げればいいのです。

腕や手だけでバックスイングをしてクラブがトップに収まったら、その姿を鏡を見てください。そこには、肩は十分にまわって逆に腰の回転は右股関節の働きによって抑えられた、美しいトップ・オブ・スイングの形が映っているはずです。

要するに腕や手だけでバックスイングしても体は正しく回転し、体重は右足へ移るのです。さらに、右股関節が移動してきた体重をきっちり受け止めるため、スエーやリバースピポッドは起こりません。

さらに右ヒジは自然と外旋を伴ってたたまれ、左腕は自然に内旋を伴って伸びます。

腕や手で上げろといわれても納得できない人は、前述した空手の瓦割りをイメージしながら、97ページで紹介するスプリットグリップ・ドリルを試してください。

スプリットグリップでバックスイングをするには、左手を地面方向に押し下げ、右手は上方へ引きつける動きが必要になります。この動きはまさに瓦割りの動きと同じ。したがって、バックスイングは腕、手で上げればいいことがわかるはずです。

注意すべき点がふたつあります。ひとつ目はワキを締めて体に密着させすぎないこと。密着させすぎると腕と体が一体化して肩甲骨が動きにくくなり、腕だけでバックスイングすることが難しくなります。

ふたつ目はバックスイング中に急にクラブの重さを感じないようにすること。バックスイングの途中（どの段階かは人によって違います）で急にクラブの重さを感じる人は、その瞬間にクラブがオンプレーン軌道から外れています。

トップに収まるまでクラブの重さが変わらなければ、オンプレーン軌道に乗ってバックスイングできている証拠です。

手だけでバックスイングする感覚をつかむ

クラブを宙に浮かせた状態で胸を正面に向けてバックスイングすると、誰でも簡単に手だけでバックスイングする感覚をつかめる

スプリットグリップ・ドリル

左手を押し下げながら右手を引きつければ、バックスイングは完了。このドリルを行うと、バックスイングで体をまわす必要がないことを理解できる

オンプレーンを外さない

手と腕だけでバックスイングすれば、クラブはオンプレーンに沿ってトップまで上がっていく（右）。体をまわすとクラブがシャフトプレーンの下を通るため、オンプレーンから外れてしまう（左）

バックスイングの最後にひとつだけアドバイスを。絶対に体を右へ横回転させてバックスイングしてはいけません。回転するとクラブがシャフトプレーンの下を通る「アンダー現象」に見舞われるので、左右の腕の旋回方向が逆になり、トップで右腕が内旋、左腕が外旋するクロストップになります。さらに、左足に体重が残るリバースピポッドをも招いてしまいます。

ステップ４【ダウンスイング〜インパクト】

地面に置いてあるボールを渾身の力で引っぱたく。ダウンスイングですべきことは、基本的にたったこれだけです。とはいえ、渾身の力でというとヘッドをボール目がけてぶつけるように下ろしてしまう人がいます。これでは体が回転したり、開いたり、右肩が突っ込んだりしてしまうので、本当にぶつけるだけのスイングになってしまいます。

そうならないためには、ピッチャーがしなやかに腕を振って１５０㎞／ｈ超の速球を投げるように、腕とクラブをムチのように振ってボールを引っぱたくイメージを持ってくだ

しなやかに腕を振る

ボールを思いきり引っぱたく要領で腕を振るのがダウンスイングの基本。だが、ヘッドをボール目がけてぶつけるイメージだと体が開いてしまうので（左上写真）、しなやかに腕を振る感覚で

さい。

腕がムチのようにしなる、しなやかさのある引っぱたき方なら、トップで外旋していた右腕は自然に内旋（左腕は外旋）し、いわゆるアームローテーションが起こります。

そして、開いて下りてきたフェースがアームローテーションと連動して徐々に閉じ始め、インパクトでスクエアになり、フォローで完全に閉じます。これによって、ボールを包み込む理想のインパクトを迎えることが可能になるわけです。

フェースがインパクトゾーンで開閉し、ボールを包み込むインパクトになれば、フォローでヘッドはターゲットラインの上、もしくはやや外に自然に出ていきます。それも低く長く動いたあと出て行くのです。つまり、フェースが開閉すれば長いインパクトゾーンも手に入るのです。

ボールを力いっぱい引っぱたくダウンスイングのメリットはこれだけではありません。

バックスイングではムダな力が腕や手に入らず、ダウンスイングでヘッドがボールに近づくにつれ力が入るようになります。

このような強弱をつけた力の使い方は、人間がスポーツをするうえでごく自然なもので

力みは禁物

しなやかに叩くことを意識すれば右腕が力まず、自然に右ヒジが曲がって下りてくる（右）。ヘッドをボールにぶつける意識で叩くと右腕が力んで右ヒジが曲がらないため、しなやかに叩けない（左）

す。ボールを投げるときも、サッカーボールを蹴るときも、ラケットでボールを打つときも、人間は自然にインパクトのときに最も力を入れます。投げるときは指先、蹴るときは足、ラケットで打つときは腕や手、という具合です。

インパクトのとき最も力が入るのは、ボールなどを遠くまで投げたり飛ばすための本能なのです。当たる瞬間にグッと力を入れることで、すべての力がボールに伝わる――。あなたも必ずそうしているはずです。

しかし不思議なことに、ゴルフだけは違います。アマチュアの方の大半は切り返しで最も腕や手、指に力を入れてしまいます（アドレス時が最も力んでいる人もいます）。これは、冒頭でも話したフェース面をボールにぶつけたい意識の表れです。

切り返しで力を入れることでクラブ（フェース面）を支配下に置き、ボールとコンタクトさせようとしているのです。

このようなスイングを、一般的には「合わせにいくスイング」といいます。合わせにいくと腕を振るスピードが落ちるため、ヘッドスピードも減速し飛距離をロスします。また腕の内旋・外旋も起こらないため、ボールを包み込むインパクトにはなりません。

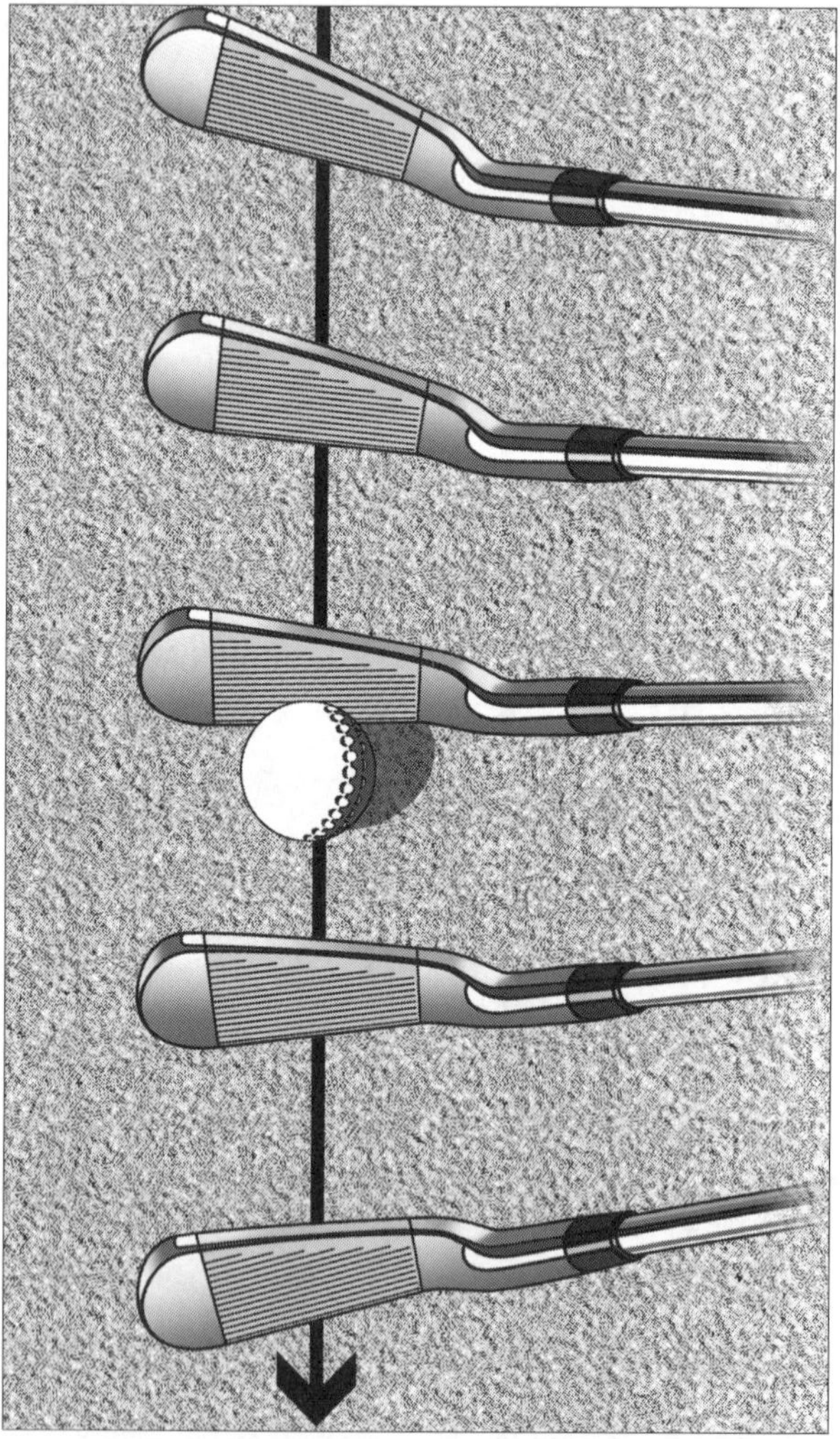

フェースが開閉することで、ヘッドはターゲットライン上を長く動いていく

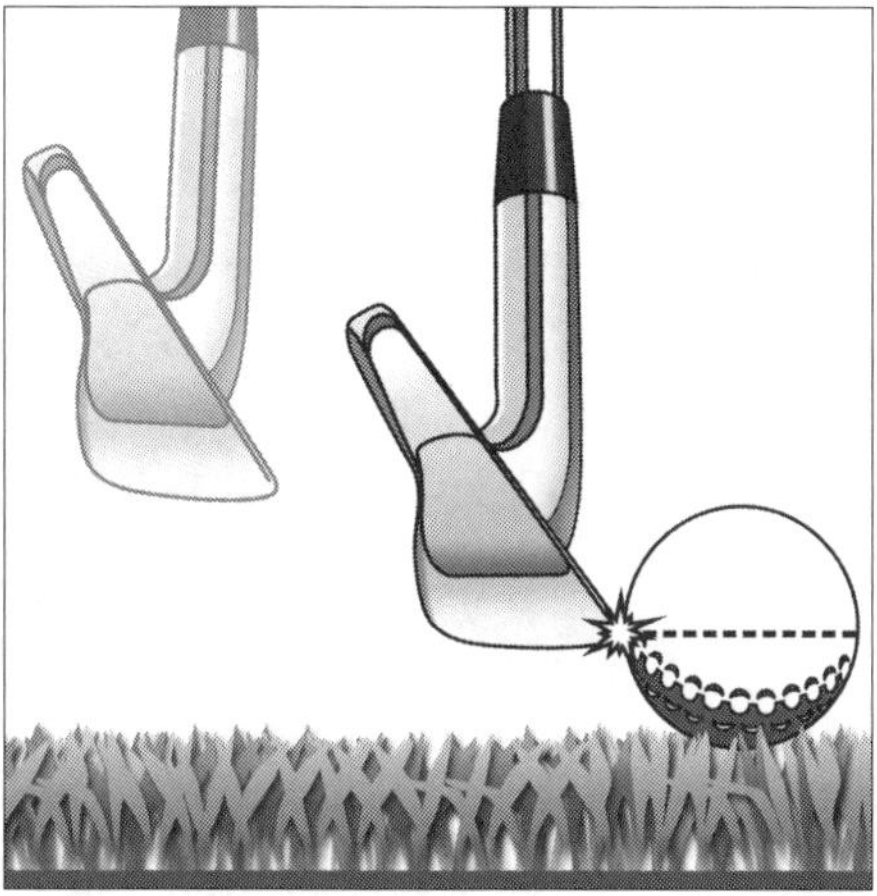
フェースが開閉するとヘッドは上から下へと動くため、ボールに対するインパクトエリアが広くなる

しかし、引っぱたくことだけ考えて振れば、必ずインパクトで最も力が入ります。つまり、投げる、蹴るなどと同じ力の使い方ができるのです。

インパクトでクラブを握る指や手、腕に最も力が入るということは、バックスイングで蓄えられたエネルギーをインパクトの瞬間に最も放出できるということです。

ボールを遠くまで飛ばしたい、包み込むインパクトを身につけたいと思ったら、まずは腕を目いっぱい振ることに専念してください。

すると、必ずなんともいえないインパクト感のあるショットに出会えます。その感覚を

アマチュアの95%は振り遅れている

体が回転すると振り遅れるため、合わせるスイングになってしまう

腕を目いっぱい振れば合わせるスイングにはならず、理想のインパクトが手に入る

忘れず、さらに振ることに専念すれば、自然な動きによる理想のインパクトにどんどん近づけるでしょう。

ダウンスイングからインパクトにおける注意点をいくつか紹介しましょう。

ボールを引っぱたこうとすると、最初はクラブが外から下りてアウトサイドインの軌道になる人がほとんど。これは、まだフェース面をボールにぶつける意識があるからです。

そのためには、フェース面で打つ意識を頭から取り除くことがとても大切です。言葉でいうのは簡単ですが、その意識のある人にとっては非常に不安なことでしょう。まずは、ボールがどこへ飛ぼうが気にしないことが大切です。

これだけではなかなかフェース面意識を取り除けないという人は、ヘッドのほうを持って素振りをしてみましょう。ヘッドのほうを持つと単なる棒を振ることになるため、フェース面意識が薄れて腕を振るイメージ作りが簡単にできるでしょう。

引っぱたく意識でクラブを下ろすときは、グリップはもちろん、全身の力が真下へ向かうよう力いっぱい下ろします。真下にある瓦を目がけてこぶしを振り下ろすイメージを持つといいでしょう。アマチュアの方の大半は手、クラブを横に使っています。

正しいダウンスイングのイメージ

ダウンスイングは、真下にある瓦を割るイメージでクラブを下ろす。すると腕が旋回するためフェースがターンする

間違ったダウンスイングのイメージ

フェース面でボールを打つ意識があると、体が回転したりグリップが横方向へ動いたりしやすい。これでは力がボールのある下ではなく横に放出されてしまう。さらに、アームローテーションが起こらないためフェースがターンしない

真下に下ろすことで、フェースは開いたままダウンスイングの軌道を駆け下りてきます。そして右腕は内旋を、左腕は外旋を始め、これによりアームローテーションが発生。インパクトゾーンでフェースは閉じ始め、インパクトの瞬間にスクエアになります。

絶対にしてはいけないのは、切り返しで体を左へ（横へ）回転させることと、ダウンスイングでグリップを左方向へ動かすことです。これらの動きがあると力が真下に放出されず、横方向に放出されます。これでは地面にあるボールに力のすべてが伝わらず、力が横へと分散してしまいます（ストロンググリップの人は若干回転しても問題ありません）。

また、体をまわすとその動きに腕が引っ張られるため、腕が遅れて下りてきて振り遅れのスイングになります。グリップが左に動くと腕の旋回が発生せず、フェースがターンしません。すると、前述したように合わせる動きが発生して手打ちになってしまいます。

これ以外に、クラブが外から下りてくる、クラブが寝て極端なインサイドアウト軌道になる、入射角がスイープになりすぎる、左ヒジと左腰が引ける、フォローでヘッドがインサイドに入るなど、さまざまな悪影響が出ることになります。

引っぱたく意識を持って腕をしっかり振れば、スイングの常識といわれる下半身リードを意識する必要もありません。

前述した瓦割りのイメージでこぶしを真下に振り下ろせば誰でも理解できますが、真下にあるものを思い切り叩こうとすると、必ず腕の動きより一瞬早く左股関節が切り上がり、腰がスピーディに自然と回転します。そして、叩くときには左足に体重が移動します。

この動きはスイングにも当てはまり、トップから真下に向けてクラブを下ろそうとするとそれより一瞬早く下半身が動き、左股関節が切り上がって腰が回転します。もちろん、体重も左足に移ります。要するに、引っぱたく意識さえあれば、自然に下半身リードのスイングになるうえ、体重移動もオートマチックに行えるのです。

逆に下半身リードを意識して切り返すと、アマチュアの方はたいてい体が左へ回転し、左腰が引け、体全体が開きます。さらに左サイドが伸び上がってクラブが寝てしまい、振り遅れになったり、一本背負い的なダウンスイングで右肩が突っ込んだカット軌道になります。これではまともなインパクトにならず、フィニッシュで体重が右足に残ってしまいます。

ボディターンでは、腕は体の回転に伴ってついてくるだけと説明し、例として「でんで

理想の形では体が回転していない

体を回転させるとクラブの軌道が極端なスイープになり、左腰が引けるなどさまざまな悪影響がある（左）

「下半身リード」は自然に起こる

腕を振れば自然に下半身が一瞬速く動き出し、意識しなくても下半身リードのスイングになって左股関節に体重が移る

体が回転すると左股関節に体重が移らず、結果的に下半身リードのスイングにならない

ん太鼓」を挙げます。つまり腕や手は何もせず、下半身リードで体をまわしさえすれば、腕は自然に振られるというわけです。

たしかに腕の力を抜いて下半身リードで体を回転させれば、腕は回転につられて振られるので、まさに正論です。しかし、この動きのイメージでは、インパクト感のないアマチュアの方は振り遅れてしまう人が多いのです。

振り遅れないようにするには、ストロンググリップでインパクトを合わせにいく、もしくは手首をこねるようにしてリストターンさせるしか方法はありません。

すべてのショットがティアップできるのであれば、この方法でもよいショットを打てますが、傾斜があったりラフがあったりと、ライのよいところから打つとは限らないのです。

こうなると、でんでん太鼓のイメージのボディターンでは限界があります。ボディ、すなわち体幹部は、腕や足の動きに反射・反応して動くものなのです。

ステップ5【フォロー～フィニッシュ】

フォロー（正面）

腕を振れば腕が旋回し、フォローで右手の甲が正面もしくはやや上を向く

体をまわすと腕の旋回が起こらない

ボールを引っぱたくようにクラブを下ろすと、自然に右腕が内旋、左腕が外旋します。すると、入口まで開いていたフェースがインパクトゾーンに突入するとともに閉じ始め、スクエアなったときにボールとコンタクトしてフォローで完全に閉じます。

このように腕とフェースが動くため、ボールを包み込んだインパクトになるのです。同時に、インパクトゾーンではリリースも自然に起こります。その結果、フォローでヘッドはターゲットライン上、もしくはやや外に出て、包み込むインパクトとの相乗効果でボールにはドロー回転がかかります。

「腕をしなやかに振ってボールを引っぱたい

フォロー（飛球線後方）

グリップエンドが見えるのが正しいフォロー

ヘッドがターゲットラインの内側に入っている

ているつもりだけど、スライスばかり……」

　もしあなたがこのような状態なら、まだ合わせにいく動きになっていて、腕の内旋・外旋が発生していません。ダウンスイングの正しい動きやクラブの下ろし方を、もう一度復習してみましょう。

　一般的に、リリースではダウンスイングで親指方向へ折れていた手首と曲がっていた右ヒジをインパクトのときに伸ばすといわれていますが、これは感覚上の表現です。

　プロゴルファーで、インパクトのとき右手首が伸び切って右ヒジが真っすぐになっている人はいません（特別なショットの場合を除く）。

フォロー（飛球線前方）

フェースが完全に閉じ、なおかつ飛球線上にヘッドが出て行く

インサイドに引けてしまっている

必ず右手首は甲側に折れていて、右ヒジも曲がったままです。

右手首と右ヒジが伸びるのはインパクトしたあと。これによりボールを押し込むフォローになるのです。すると前述したように、ヘッドはターゲットライン上か、やや外に出て行きます。

次ページ下の写真は、リッキー・ファウラーのフォローを後方から見たものです。グリップエンドは真後ろを指し、懐にスペースがあることがわかります。次ページ上の正面からの写真だと、右手の甲が斜め上を向いています。

この形になるのは、腕が内旋・外旋してい

グリップエンドが真後ろを指し、右手甲は斜め上を向いている

これもグリップエンドが真後ろを指し、フェースが完全に閉じている

ⓇGetty Images

て、インパクト時の右手首と右ヒジが正しく動いているから。簡単にいうと、自然に理想的なリリースができているため、このようなフォローになるのです。

ファウラーを例に挙げましたが、基本的にトッププロはみんなこの形のフォローです。どうすればこのフォローを身につけることができるのか、あらためておさらいしておきます。

フォローとフィニッシュでは、理想的な形を作ろうとする意識は不要です。乱暴な言い方かもしれませんが、インパクト後の惰性だと考えればいいのです。

ボールを思いきりビシッと叩けば、クラブも腕も勝手にフィニッシュへと向かいます。スクエアグリップであれば、クラブは立ちながら比較的高いフィニッシュになります。ストロンググリップであれば、クラブはスクエアグリップほど立たず、やや低いフィニッシュになります。

クラブが立ちながらフィニッシュへ向かうという動きは、フォローからフィニッシュで左腕が外旋して左ヒジが地面方向を向き、正しくたためているからこそ可能です。

体を回転させるボディターンでは、なかなかこうはいきません。フォローでクラブが寝

理想的なフィニッシュ

フィニッシュの形を考える必要はない。腕を振りさえすれば自然にクラブが立って、理想的なフィニッシュになる

間違ったフィニッシュ

体をまわしたりフィニッシュの形を気にすると、体が開いてクラブが寝るうえ、右足に体重が残りやすくなる

てヘッドが飛球線の内側に入ったり、左ヒジが引けたりするアマチュアの方が大勢いますが、こうした現状を見れば、意識的に体をまわすことの悪影響が理解できるでしょう。

プロゴルファーはよく、「インパクトは考えず、フィニッシュまで一気に振ることだけ考えましょう」といいますが、これはインパクトを考える必要がないレベルだから。単なる通過点だという意識でとらえていても、体がきちんとインパクトに反応・対応できているのです。

インパクト感のないアベレージクラスのアマチュアの方がプロのこの言葉を参考にすると、腕がほとんど振られず、体ばかりが回転して振り遅れ、本当の手打ちになるだけです。

ここまで、プロのインパクトを体得するためのポイントや注意点をお話してきましたが、一番大切なのは型ではなく動きです。

腕をしなやかに振るフィーリング、真下に力を使うフィーリング、フェースが開閉しながらインパクトゾーンを通るフィーリング……。これらを練習を重ねてつかんでください。

ゴルフにはさまざまなスイング理論があるため、どうしても頭でっかちになったり、形にこだわってしまいがち。しかし、スポーツであることには変わりなく、それゆえ、おのおののフィーリングや感覚、感性をもっと大切にしてスイングすることが大事なのです。

自分の体の動きを信じ、形への執着心を捨てれば、誰でもクラブの使い方を間違えずに、プロが実践するインパクトをマスターできるでしょう。

プロのインパクトをマスターするためのドリル

プロゴルファーが実践しているインパクトを身につけるには、フィーリングだといいました。しかし、ゴルフ初心者やこれまで何年もボディターンでボールを打っていた人、体を横回転させて振り遅れていた人にとっては、フィーリングといわれてもなかなかイメージがつかめないかもしれません。

そこで、ここからはフェースターンを使ったプロのインパクトを体得するドリルを紹介していきます。

ドリルは地味かもしれませんが、根気よく続けることで必ず効果が表れます。

ドリル1　シャフト回転ドリル

このドリルはフェースの開閉とその感覚をつかむものです。また、コックとリリースの方法も身につきます。

【やり方】

◎写真のようにシャフトに目印となるテープなどを貼ります

◎テープの正面部分が見えなくなるようテークバックし、ボールを打ったあと、同じようにテープの正面部分が見えなくなるようフォローを出します

トップとフォローでテープの正面部分が見えなくなれば、フェースが正しく開閉しています。テープが見えてしまう人は、コックとリリースが正しくできていません。テークバックでは親指側に手首を折り、フォローでは右腕を内旋させることを意識しましょう。

目印をつけて行うため、フェースの開閉が行われているかどうかがひと目でわかる

ドリル2　クッション投げドリル

このドリルは真下にクラブを下ろす感覚をつかむものです。また、真下に下ろすと左股関節に体重が移動することを体感できるという要素もあります。

【やり方】

◎クッションやヘッドカバーなどを両手で持つ

◎その状態でバックスイングしたら、右足目がけてヘッドカバーを思いきり投げる

クッションやヘッドカバーなどを右足の上に思いきり投げることで、体をまわさずクラブを下ろす感覚と方向がわかります。

クッションが左足方向へ飛ぶ人は体が回転しすぎているか、腕を左に振っています。

これまで体を回転させてスイングしてきた人は、右足のさらに右側にヘッドカバーなどを投げるとより効果的

ドリル3　左手クラブ支えスイングドリル

このドリルは、体をまわさずにクラブを振る感覚を養うものです。また、胸が右を向いた状態でクラブを下ろす感覚もマスターできます。

【やり方】

◎左手でクラブを支えてアドレスする
◎右手だけでバックスイング
◎左肩が開かないよう注意しながら、右腕を思いきり振ってシャドースイングする

左手でクラブを支えたまま右腕だけでシャドースイングすることで体が回転しにくくなり、胸を正面に向けた状態で腕を振ってボールを打つイメージをつかめます。また、右腕がダウンスイングで内旋する感覚もつかめるでしょう。

体が回転すると左手で支えたクラブが傾くので、クラブを垂直にしたままシャドースイングしましょう。

左手で支えたクラブを垂直にしたまま行う

バックスイングでもフォローでも、体を回転させるとクラブが傾く

ドリル4　ショートグリップ・ドリル

このドリルでは、左手を押し下げて右手を引きつけるテークバックをするだけで体が正しく動くことを体感できます。またコックとリリースでボールを打つ感覚が身につきます。

【やり方】

◎シャフトに指がかかるくらい短く持ってアドレス
◎左手の押し下げと、右手の引きつけを使ってバックスイングする
◎クッション投げの要領でクラブを真下に下ろしてボールを打つ

クラブを極端に短く持つと骨盤が深く前傾するため、体が回転しにくくなります。しかし、押し下げと引きつけでバックスイングをすれば体は自然に回転し、右股関節に体重が乗ります。この感覚を体感しましょう。

また前傾角が深くなる分、フェース面を早くボールに向けるとダフってしまいます。ダフらないようにするにはリリースが必要です。

押し下げと引きつけによるテークバックをマスターでき、体を回転させず腕を振る感覚を容易につかめる

ドリル5　クラブまわしドリル

このドリルは、腕を振るのに適したグリッププレッシャーを習得するのに効果があります。また、クラブを回転させながら素振りをするため、腕をムチのようにしなやかに振る感覚をつかむのにも役立ちます。

【やり方】

◎クラブを右手で持って回転させる。このときグリップ位置をあまり動かさない

◎3、4回クラブを回転させたら、左手を添えて素振りをする。左手を添えるときはクラブの回転を止めずに行う

アマチュアの方の多くはグリッププレッシャーが強く、「どの程度ソフトに握ればいいのかわからない」という人が大勢います。プレッシャーが強すぎると、クラブをうまくまわせません。このドリルを行うと、クラブがスムーズに回転する程度が理想的なグリッププレッシャーだということが簡単にわかります。

クラブがスムーズに回転する程度のグリッププレッシャーが理想的。また、スムーズにクラブを回転させることで、しなやかに腕を振る感覚もつかめる

グリッププレッシャーが強すぎると、体全体が傾いてしまう。

ドリル6　ヘッドカバードリル

このドリルは、腕をしなやかに振ってボールをビシッと引っぱたく感覚をマスターするのに効果があります。また、胸が正面を向いているうちにインパクトを迎えるイメージを手に入れるのにも最適です。

【やり方】
◎ヘッドカバーをぶら下げる（誰かに持ってもらっても可）
◎クラブヘッド側を持つ
◎グリップ部分でヘッドカバーをビシッと叩く

ボールを引っぱたく感覚は、棒状のもので行うと誰でもすぐ理解できます。このドリルを繰り返して引っぱたく感覚を養い、同じ感覚でボールを打ってみましょう。純粋に物を叩くイメージです。

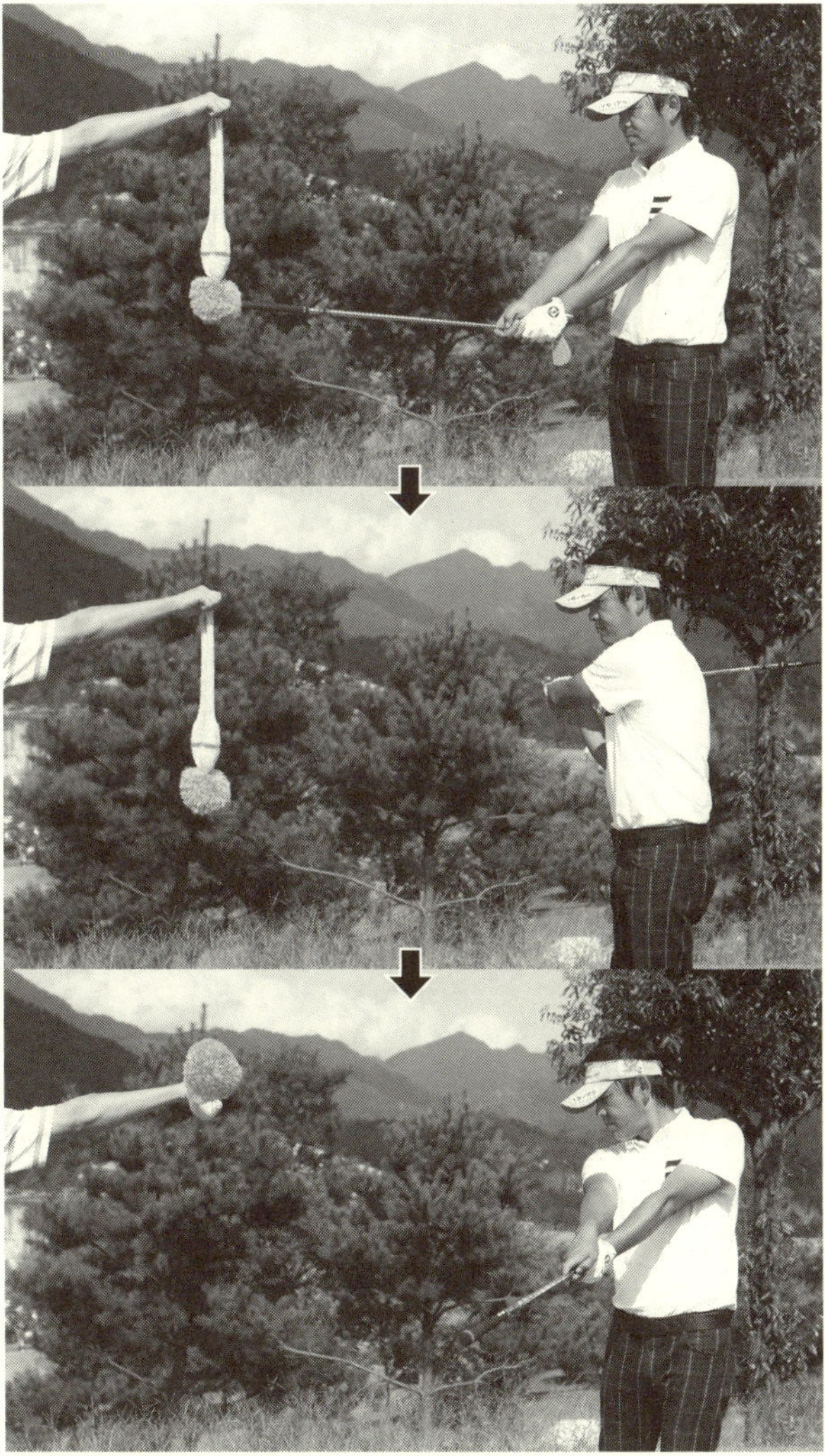

ビシッと引っぱたくには、しなやかに腕を振ることが大切

第4章

50代からでも飛距離がアップするインパクト

飛ばしでも〝フェースの開閉〟が重要なポイント

ここでは、アマチュアの方最大の関心事ともいえる、ドライバーの飛距離アップが可能になるインパクトについて解説していきます。

飛距離を伸ばすには、よく以下のようなことがいわれます。

◎肩をしっかりまわして上半身と下半身の捻転差を大きくする
◎バックスイングでは右足に、ダウンスイングでは左足にしっかり体重を乗せる
◎下半身リードで始動し、大きな体重移動を使う
◎ビハインド・ザ・ボールでインパクトし、体とクラブが引っ張り合うようなフォローを作る

また、飛ばしの三要素ともいわれるヘッドスピード、ボール初速、ボール打ち出し角をベストなものにするためにもさまざまな努力をします。長尺ドライバーを使ってヘッドスピードとボール初速のアップを図ったり、ボール打ち出し角を理想といわれる14度にするために、アッパーブローに打つ練習をしたり……。

確かに、これらはすべて飛距離を伸ばすうえでの重要なファクターです。しかし、いままでお話してきたフェースの開閉を使ったボールを包み込むインパクトができていない人にとっては、いくらこれらの努力をしても真の飛距離アップはできません。

たとえば、捻転差を大きくするために肩を目いっぱいまわしたり、下半身リードで大きな体重移動を行おうとすると、たいていのアマチュアの方は体が過度に回転します。その結果、ダウンスイングはひとかたまりの一本背負い的な動きになります。

これまでもお話してきたように、切り返しがこのような動きになると振り遅れてフェースが開いたインパクトになり、ボールがつかまりません。これを抑えようとすると、切り返した途端、フェース面をボールに向ける動きが生じて腕の内旋・外旋が行われず、インパクトゾーンでフェースが開閉しない〝手打ち〟になります。

したがって、ドライバーの飛距離を伸ばしたいのであれば、ここまでさんざんお話してきた、フェースの開閉を使ったボールを包み込むインパクトをマスターするしかありませ

一般的な「飛ばしのテクニック」をそのまま実践すると……①

左肩がアゴの下に収まるほどフルターンさせると、一本背負い的な切り返しになり振り遅れてしまう

一般的な「飛ばしのテクニック」をそのまま実践すると……②

大きな体重移動で飛ばそうとすると、ダウンスイングで体が左にズレやすい

ん。それはドライバーだろうと、フェアウェイウッドだろうと、ユーティリティだろうと、アイアンだろうと、すべて同じです。

腕を目いっぱい振る、力を真下へ放出する、腕の内旋・外旋を使う、フェースを開閉させてボールをとらえる……。これらができないと飛距離アップはもちろん、ナイスショットは手に入りません。

実際、私がアベレージクラスのアマチュアの方にレッスンするとき、

「アイアンでフェースを開閉させてボールを包み込むインパクトが身につけば、自然にドライバーもうまくなるし、飛ぶようになります。これができるようになるまでは、ドライバーの練習はしないように」

としか言いません。また、これだけを徹底して練習してもらいます。

どのクラブでもスイングは同じ。そのため第3章で紹介したステップを理解してドリルを行い、まずはショートアイアンでフェースの開閉を伴ったスイングをマスターし、ボールを包み込むインパクト感を習得することが飛距離アップのポイントです。

そして、ショートアイアンで開閉が使えるようになり、ボールがつかまってきたら、5

番ウッドなどで低いライナー性のボールをコンスタントに打てるようになってください（次ページでドリルを紹介しています）。

5番ウッドは20度前後のロフトがあるため、基本的に高い弾道になります。しかし、フェースの開閉を使って打てるようになるとインパクト時のロフトが立つため、ロフトが20度ほどあっても低い弾道のショットが打てます。

練習のときは、とにかく低弾道にすることだけ気をつけて打ちましょう。分厚いインパクト感なのに、ハーフトップかと見間違うほど低い弾道になれば、フェースが正しく開閉する中でインパクトを迎えられています。

あとはアイアンと同じフィーリングでドライバーを振ることができるようになれば、自然に飛距離は大きく伸びているはずです。

低弾道ショットを打つドリル　イチロー・ドリル

このドリルは、体を回転させず胸を右に向けたままクラブを下ろす感覚をつかむためのものです。その結果、腕が振られてインパクトゾーンでフェースが開閉します。野球のイチロー選手のスイングに似ているため、「イチロー・ドリル」と名づけました。

【やり方】

◎5番ウッドを持ってアドレスする
◎左足をヒールアップしてバックスイングする
◎左足を踏み込むと同時に右足を後方へ引いて、ボールを打つ

右足を後方へ引くことで体が回転しなくなり、胸が右を向いているうちにクラブを下ろすことができます。そして、腕の旋回が発生してインパクトロフトが立つため、低い弾道になります（難しいかもしれないので、はじめは素振りだけでもかまいません）。

バックスイング
でヒールアップ
右足を
後方に引く

右足を引くことで体の回転が生じなくなる。すると自然に両腕が旋回してフェースターンが発生。インパクトロフトが立つので低弾道になる

「グリップスタイル」と「スイングスタイル」の関係

飛距離アップはもちろんのこと、ナイスショットを連発するには、グリップスタイルとスイングスタイルの関係を知る必要があります。

グリップスタイルとは、ウィークグリップ、スクエアグリップ、ストロンググリップのこと。スイングスタイルとは、主に体の回転を主体にして打つボディターンと、私がみなさんにオススメしている腕の振りを主体にしたアームスイングのことです。

「タイガー・ウッズのようなスイングをしたい」

「遼君みたいなスイングがしたい」

たいてい誰でも憧れのスイング、目標とするスイングがあるはずです。そして、憧れのスイングにできるだけ近づきたいとゴルフ雑誌の連続写真を見たり、ＹＯＵ ＴＵＢＥなどで動画を見たりして、どのような動きでスイングしているのかをつぶさに観察している

スクエアグリップの特徴

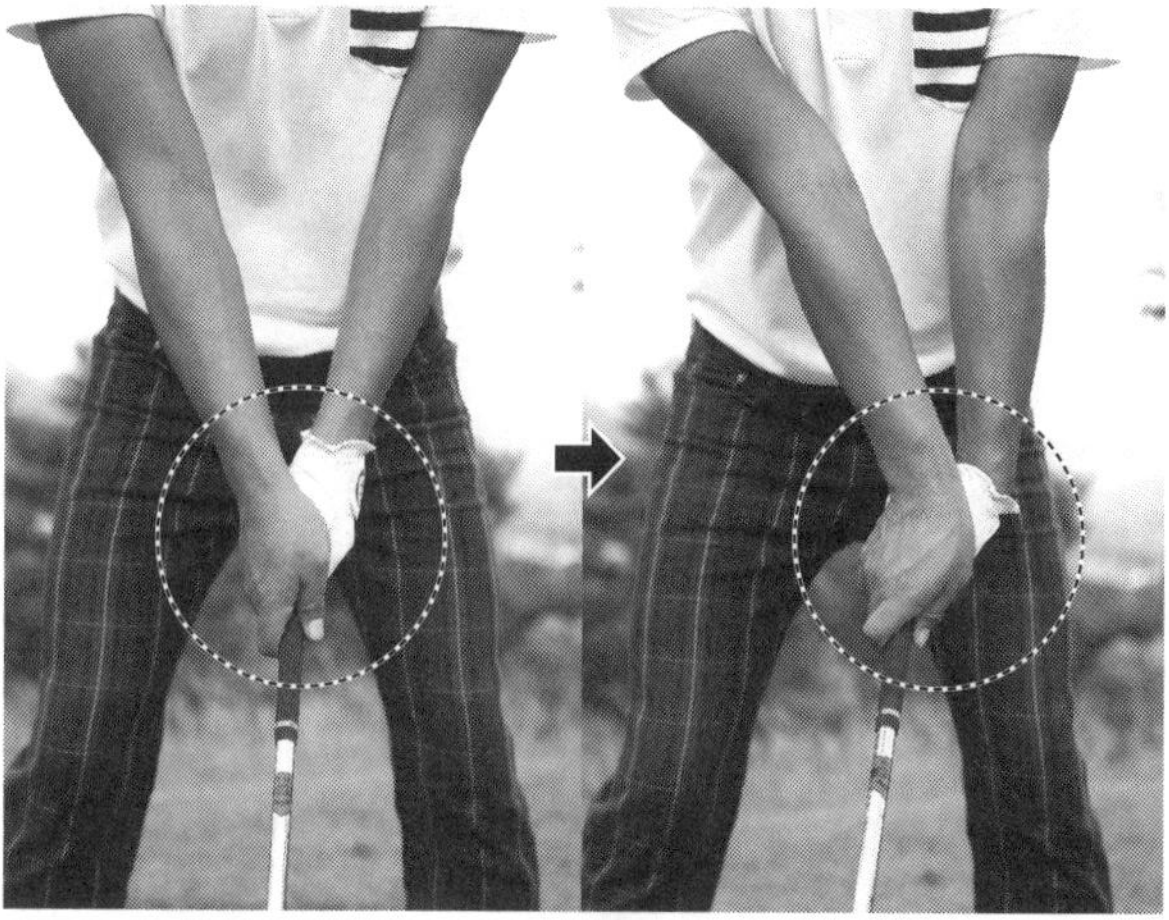

左右の手のひらがフェース面とほぼ平行なので、旋回する分量（閉じしろ）が小さくボールがつかまりにくい。したがって、体を開かずに打つ必要がある

ことでしょう。

歴代の名選手や現在の世界ランクトップのプレーヤーを研究するのはとてもよいことですが、ひとつだけ注意すべき点があります。それが、グリップスタイルとスイングスタイルの関係です。

プロアマを問わず、今でも多くのゴルファーが憧れるスイングの持ち主といえば、スイングプレーンの概念を世に知らしめたグランドスラマー、ベン・ホーガンでしょう。そのシャープでよどみないスイングは今もまったく色あせておらず、最高のお手本だといえます。

ホーガンのスイングは私が提唱するアームスイング。それを研究して自分のスイングに取り入れようとするアマチュアの方は大勢いますが、彼のグリップスタイルはスクエアグリップなのです。

腕の振りを主体にするアームスイングは、再三いってきたように体を開かず腕を振ることで腕の内旋・外旋が発生してフェースがターンします。スクエアグリップではフェース面と左手甲の向きがほぼ同一なので、フェースを閉じるための閉じしろが小さいのが特徴

ストロンググリップの特徴

左右の手のひらが上を向いているので、旋回する分量（閉じしろ）が大きくボールがつかまりやすい。したがって、体を早めに開いて打つ必要がある

です。

そして体が開かなければ開かないほどフェースはターンしやすく、インパクトゾーンでの開閉が容易になります。つまり、ホーガンはスクエアグリップでフェースを理想的にターンさせるための体の使い方（スイング）をしているわけです。

一方、体の回転を主体にするボディターンでは、アームスイングに比べるとやや体の開きが早くなります。また、腕の振りを極力抑えるイメージでスイングするため、腕の内旋・外旋も小さくなります。

すると、当然フェースが開閉する度合いも小さくなるため、ボールはつかまりにくくなります。ストロンググリップでは左手甲が上を向いているため閉じしろが大きく、わずかな内旋・外旋でフェースが閉じます。

つまり、体の開きが早く、腕の内旋・外旋が小さいボディターンは、ストロンググリップにすることでボールをつかまえているのです。

要約すると以下のようになります。

◎スクエアグリップは閉じしろが小さいためボールがつかまりにくい
⬅
◎ボールをつかまえるには、腕の内旋・外旋をきちんと使う必要がある
⬅
◎腕の内旋・外旋を発生させるには、体を開かないようにする必要がある
⬅
◎体を開かないようにするには、腕を振るアームスイングがマッチする

これがスクエアグリップとアームスイングの関係です。これに対して、ストロンググリップとボディターンの関係は、次の通りです。

◎ストロンググリップは閉じしろが大きいためボールがつかまる
⬅
◎ボールのつかまりすぎを防ぐため、腕の内旋・外旋を小さくする必要がある

◎腕の内旋・外旋を小さくするには、体を早めに開く必要がある
⬅
◎体を開くには、体を回転させるボディターンがマッチする
⬅

これを踏まえると、スクエアグリップの人がストロンググリップ&ボディターンで振る人を参考にするのは間違いです。逆に、ストロンググリップの人がスクエアグリップ&アームスイングで振る人をお手本にしてはいけません。

スクエアグリップのアマチュアの方がストロンググリップ&ボディターンのプレーヤーを参考にすると、次のようになってしまいます。

◎スクエアグリップは閉じしろが小さいため、ボールがつかまりにくい
⬅
◎ボールをつかまえるには、腕の内旋・外旋をきちんと使う必要がある

◎腕の内旋・外旋を発生させるには、体を開かないようにする必要がある。だが、参考にしているスイングがボディターンなので体の開きが早くなり、内旋・外旋が発生しない
⬅
◎腕の内旋・外旋が発生しないためフェースがターンしない。そのうえ、閉じしろが小さいスクエアグリップにしているため、余計ボールがつかまらない
⬅

逆に、ストロンググリップのアマチュアの方がスクエアグリップ&アームスイングのプレーヤーを参考にすると、次のようになります。

◎ストロンググリップは閉じしろが大きいためボールがつかまる
⬅
◎ボールのつかまり過ぎを防ぐため、腕の内旋・外旋を小さくする必要がある。
⬅

両腕が旋回する正しい動き

スイング中に両腕が旋回することによってフェースがターンし、包み込むインパクトが手に入る

両腕が旋回しない間違った動き

フェース面を早くボールに向けたり体をまわしてスイングすると、腕が旋回せずボールがつかまらない

◎腕の内旋・外旋を小さくするには、体を早めに開く必要がある。だが、参考にしているスイングがアームスイングなので体が開かず、内旋・外旋を小さくできない

⬇

◎そのためフェースがしっかりターンする。すると、閉じしろが大きいストロンググリップにしていることが災いし、余計ボールがつかまってヒッカケ、チーピンを連発する

グリップ、スイングそれぞれの重要性と注意すべき点などは、ゴルフ雑誌やレッスン書籍の定番です。しかし、グリップスタイルとスイングスタイルの関係性についてはあまり言及されていません。

この関係を知らずして、よいスイング、正しいスイングは身につきません。この機会に一度あなた自身のグリップスタイルとスイングスタイルを再確認してください。もしあなたが理想とするプロゴルファーがいるなら、必ずグリップに注目してみてください。同じスタイルのグリップでなければ、それを参考にすることはできません。

そして、現在あなたがスクエアグリップで握っているのにボディターンを意識してスイ

ングしているのであれば、すぐさまアームスイングに変更しましょう。

「ストロンググリップ＋アームスイング」のアマチュアの方はほとんどいませんが、もしあなたがそうであれば、すぐにスクエアグリップに変更しましょう。

グリップスタイルとスイングスタイルをマッチさせるだけで、飛距離が大きくアップすることはもちろん、間違いなくアイアンショットにもキレが生まれてくるでしょう。

付録

アプローチで失敗しない
ちょっとした考え方

アプローチショットもフェースの開閉が重要

ドライバーショットもアイアンショットもそこそこ上手いのに、そこからのアプローチショットがトップしてグリーンを大きくオーバーしたり、ザックリ、チャックリしてグリーンに届かない……。

このようなアマチュアの方は意外に多く、これではティショットやセカンドショットが及第点でも、パーセーブはもちろん、ボギーセーブも怪しくなるためスコアをまとめることができません。

またトップなどのミスをしなくても、距離感と方向性に難があり、ツーパット圏内になかなか寄せられないケースもたくさん見られます。

そこでここでは、アプローチ上達のための〝インパクト〟をどのようにつくればいいのか、みなさんにご紹介しましょう。

ゴルフ雑誌などには、アプローチショットの精度を上げる方法として以下のようなことが書かれています。

①両肩とグリップで作られる三角形を崩さず振る
②左右対称の振り幅でスイングする
③体の回転を主体にしてスイングする
④手首の動きをセーブする
⑤オープンスタンスにして左足体重で構える

ここまでの章でもお話したように、このようなスイングイメージだけでは両腕の旋回がほとんど発生しにくいため、フェースが開閉しません。すると、距離の短いアプローチでもボールを包み込むインパクトにならないため、距離のコントロールが難しいのです。その結果、思い通りの距離感が出せない、スピンがかからないということになります。

また、手首の動きを抑えて左右対称の振り幅でスイングしようとすると、バックスイングからインパクトまでフェースはシャットな（閉じた）状態になるため、リーディングエッジが最初に芝に当たりやすくなります。これがアプローチでミスする主な原因です。

そしてそれを嫌うと、すくい上げる動きが自然に起こり、今度はトップすることになるのです。

したがって、アプローチショットといえど、やはりフェースを開閉させてインパクトをすることが重要です。すると、次のようなメリットを手にできるのです。

①ウェッジのソールが最初に地面と接触して滑るため、ザックリを防げる
②ソールが最初に地面と接触して滑るのですくい上げる動きにはならず、トップを回避できる
③ヘッドが低い位置を動いていくため、重心位置の高いウェッジでも芯でボールをヒットできる
④包み込むインパクトになるため、ボールとフェースの接触時間が増してスピンがかかる

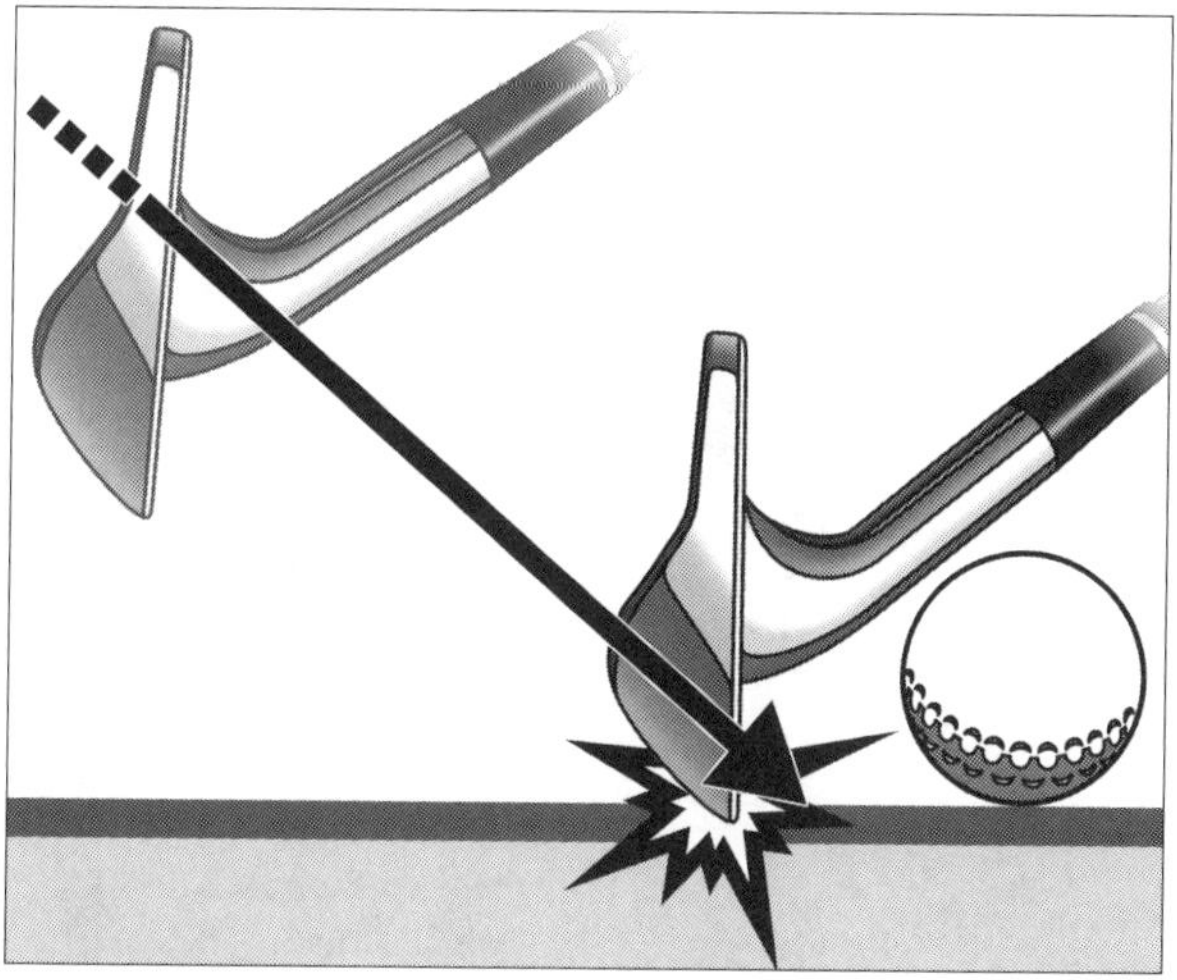

最初にリーディングエッジが芝に当たってザックリ、というのはアプローチの典型的なミス

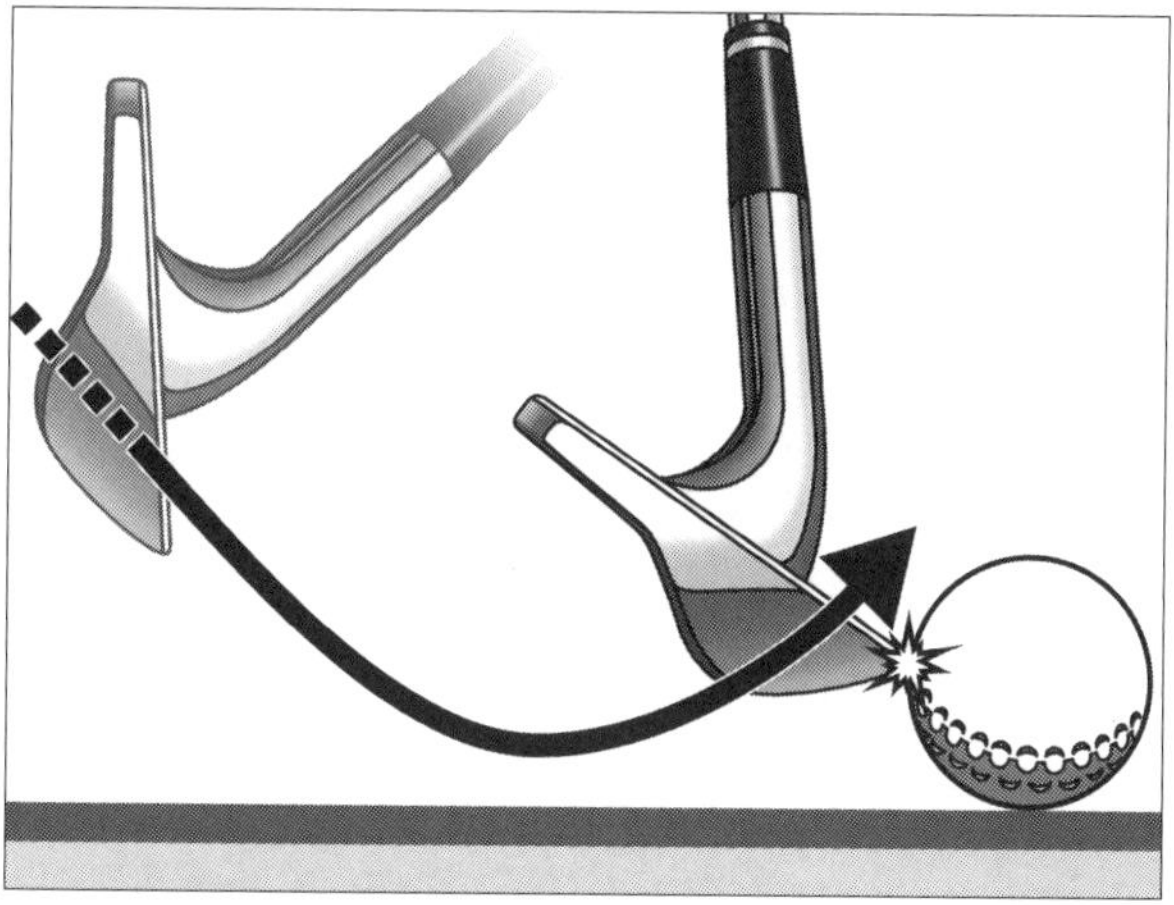

ザックリを嫌うあまりすくい上げる動きになると、今度はトップしてしまう

「プラス・マイナス」で考える方法もある

アプローチショットがうまくなるには、通常のショットと同様に、まずはフェースを開閉させながらインパクトすることが最も大切です。しかし、さらにレベルアップしたい方のために、アプローチショットにおける「プラス・マイナス」の考え方をご紹介しましょう。これは、ゴルフスイングにおける以下の5つの要素をそれぞれプラスとマイナスに分け、組み合わせて使います。

①グリップの握り方
②アドレス時のフェース向き
③スタンスの取り方
④スイングの仕方
⑤インパクトのイメージ

この考え方では、一方がプラスならもう一方はマイナスにするのが基本。①のグリップの握り方は、わたしが推奨するスクエアグリップであることが前提で、これはマイナスに分類されます。マイナスのスクエアグリップでボールをつかまえる場合、④「スイングの仕方」はアームローテーションを積極的に使えて、プラスに分類されるアームスイングがマッチします。

そこでサンドウェッジでアプローチショットに臨む場合を例に、80ヤード、50ヤード、30ヤードを例に、距離別の組み合わせを紹介しましょう。ちなみに、この例はサンドウェッジでフルショットした飛距離が80ヤードの

「プラス・マイナス」の各要素

	(＋)要素	(－)要素
①グリップの握り方	ストロング	スクエア
②アドレス時のフェース向き	スクエア	オープン
③スタンスの取り方	スクエア	オープン
④スイングの仕方	アームスイング	ボディターン
⑤インパクトのイメージ	フェースターン「大」	フェースターン「小」

場合です。

残り80ヤードからグリーンを狙う場合、「表01」のような打ち方をします。そうすれば分厚いインパクトになり、飛距離のロスやヒッカケなどを防ぐことができます。ポイントになるのは、ここまでさんざんお話ししてきた、腕を思いきり振るアームスイング。しっかり腕を振って両腕を旋回させ、確実にフェースターンを発生させるよう心がけましょう。

次に残り50ヤードのアプローチショットの場合、「表02」の打ち方になります。こうするとボールを包み込むインパクトになるため、ボールとフェースの接触時間が増えます。それによって、短い距離でもスピンのきいたショットになるのです。バックスイングはコックだけでクラブを上げるイメージで、ダウンスイングはしっかりリリースしてボールをヒットするのがポイントです。

最後に、「表03」は残り30ヤードのアプローチショットの場合です。このように打てば、オープンフェースとオープンスタンスの効果で、スイングとインパクトがプラスでも、飛びすぎるほどの強いインパクトにはなりません。距離にマッチした、ほどよい強さのインパクトになります。

①スクエアグリップ(－)・④アームスイング(＋)でのアプローチショット

【表01】残り80ヤードからグリーンを狙う場合

②アドレス時のフェース向き	スクエア(＋)
③スタンス	スクエア(＋)
⑤インパクト	フェースターン「大」(＋)

【表02】残り50ヤードのアプローチショットの場合

②アドレス時のフェース向き	スクエア(＋)
③スタンス	オープン(－)
⑤インパクト	フェースターン「中」(＋)

【表03】残り30ヤードのアプローチショットの場合

②アドレス時のフェース向き	オープン(－)
③スタンス	オープン(－) ※左足を靴半分程度引く
⑤インパクト	フェースターン「中」(＋)

50ヤードの場合と同様、コック&リリースでボールをヒットすること。また、フォローでヘッドを目標に対して真っすぐ出すよう心がけると、低い弾道で足の長いショットになります。

アプローチショットにおける「プラス・マイナス」の考え方はいかがだったでしょう。アマチュアの方の多くは、アプローチショットになるとオープンスタンスに構え、手首をロックし、体の回転を主体にして振り子のようにスイングします。このような打ち方はマイナスとマイナスの組み合わせなので、ボールの勢いを殺したいわゆる〝死に球〟でなければ寄せられないときの方法です。

それにもかかわらず、アマチュアの方はほとんどすべてのアプローチショットでこのような打ち方をしています。これでは距離感が合わず、ショートするのは目に見えています。そこで、ショートしないよう振り幅を大きくして調整しますが、距離に対して振り幅が大きくなると、そのぶん体重移動も大きくなるためザックリやトップ、シャンクなどさまざまなミスに見舞われてしまいます。

しかし、このプラスとマイナスの組み合わせで考えれば、残り距離や打ちたいショットに対してどのように構えればいいか、どのようなスイングをすればいいかがわかります。

そのため、ミート率が下がらず、的確なアプローチショットが誰にでも打てるようになるでしょう。ぜひ、試してみてください。

おわりに

「スイングは体を回転させるだけ」と語るプロゴルファーも、意識するしないにかかわらず、必ず腕を振ってフェースが開閉するスクエアインパクトを感覚として持っており、それを体に刻み込んでいます。

この感覚が本書で紹介したインパクト感であり、それをモノにするには思いきりよく腕を振ってボールを引っぱたくことが大切です。そのためには、意識的に体を回転させる動作は必要ありません。なぜなら、腕をしっかり振れば体は結果的に回転するからです。

何より大切なインパクトのために、腕を振るフィーリングとクラブを振る感覚に磨きをかけることです。

ゴルフがスポーツである限り、何より大切なのは各々の感性や感覚を磨くこと。決してポジショニングではありません。いま以上に感覚と感性を磨いてクラブを振れば、あなたのゴルフは難なく次のステージへ進んでいけるでしょう。

平成二十三年秋　森　守洋

青春新書 PLAYBOOKS

人生を自由自在に活動《プレイ》する

人生の活動源として

いま要求される新しい気運は、最も現実的な生々しい時代に吐息する大衆の活力と活動源である。

文明はすべてを合理化し、自主的精神はますます衰退に瀕し、自由は奪われようとしている今日、プレイブックスに課せられた役割と必要は広く新鮮な願いとなろう。

いわゆる知識人にもとめる書物は数多く窺うまでもない。

本刊行は、在来の観念類型を打破し、謂わば現代生活の機能に即する潤滑油として、逞しい生命を吹込もうとするものである。

われわれの現状は、埃りと騒音に紛れ、雑踏に苛まれ、あくせく追われる仕事に、日々の不安は健全な精神生活を妨げる圧迫感となり、まさに現実はストレス症状を呈している。

プレイブックスは、それらすべてのうっ積を吹きとばし、自由闊達な活動力を培養し、勇気と自信を生みだす最も楽しいシリーズたらんことを、われわれは鋭意貫かんとするものである。

—創始者のことば— 小澤和一

著者紹介

森 守洋〈もり もりひろ〉

1977年伊豆下田生まれ。JGTOツアーメンバー。高校時代にゴルフを始め、95年に渡米しサンディエゴにて4年間ゴルフを学ぶ。帰国後、陳清波プロに師事し、ダウンブロー打法を身につける。現在は、複数のツアープロのコーチを務めている。また、都内で『東京ゴルフスタジオ』を主宰し、多くのアマチュアの指導にも当たっている。

http://www.tokyo-gs.com/

インパクトから考《かんが》えると
ゴルフは急《きゅう》に上手《うま》くなる！

青春新書 PLAYBOOKS

2011年12月25日　第1刷

著者　森《もり》　守《もり》洋《ひろ》

発行者　小澤源太郎

責任編集　株式会社プライム涌光

電話　編集部　03(3203)2850

発行所　東京都新宿区若松町12番1号 〒162-0056　株式会社青春出版社

電話　営業部　03(3207)1916　振替番号　00190-7-98602

印刷・中央精版印刷　製本・フォーネット社

ISBN978-4-413-01937-8

読むだけでスコアアップする
青春出版社のゴルフシリーズ

青春新書
PLAYBOOKS

ゴルフ
プロのダウンブロー
最新理論

森 守洋［著］

プロのスイングが手に入る
最新メソッドを満載!

ISBN978-4-413-01917-0　本体952円

※上記は本体価格です。(消費税が別途加算されます)
※書名コード（ISBN）は、書店へのご注文にご利用ください。書店にない場合、電話または Fax（書名・冊数・氏名・住所・電話番号を明記）でもご注文いただけます（代金引替宅急便）。商品到着時に定価＋手数料をお支払いください。
〔直販係　電話03-3203-5121　Fax03-3207-0982〕
※青春出版社のホームページでも、オンラインで書籍をお買い求めいただけます。ぜひご利用ください。〔http://www.seishun.co.jp/〕

お願い　ページわりの関係からここでは一部の既刊本しか掲載してありません。折り込みの出版案内もご参考にご覧ください。